Susanne Bruns

Was Großvater noch wußte III

Unter Mitarbeit von
Kaspar Huche

Franckh-Kosmos

Mit 16 Farbfotos von Friedrich Jantzen, Arolsen: 38 o.r., 56 o.l., Reinhard-Tierfoto, Heiligkreuzsteinach-Eiterbach: 17, 18, 35, 36, 37 o.l., 37 u., 38 o.l., 38 u., 55, 56 o.r., 56 u.

Mit 24 Zeichnungen von Reinhild Hofmann, München

Vignetten von Marianne Golte-Bechtle, Stuttgart

Umschlaggestaltung von Atelier Reichert, Stuttgart, unter Verwendung von vier Farbfotos von Friedrich Strauss, Au in der Hallertau (großes Bild Vorderseite), Reinhard-Tierfoto, Heiligkreuzsteinach-Eiterbach (zwei kleine Bilder Vorderseite) und Eberhard Morell, Dreieich (Rückseite)

Alle Angaben in diesem Buch sind sorgfältig geprüft und geben den neuesten Wissensstand bei der Veröffentlichung wieder. Da sich das Wissen aber laufend in rascher Folge weiterentwickelt und vergrößert, muß jeder Anwender prüfen, ob die Angaben nicht durch neuere Erkenntnisse überholt sind. Dazu muß er zum Beispiel Beipackzettel zu Dünge-, Pflanzenschutz- bzw. Pflanzenpflegemitteln lesen und genau befolgen sowie Gebrauchsanweisungen und Gesetze beachten.

Die Deutsche Bibliothek –
CIP-Einheitsaufnahme

Was Großvater noch wußte / Susanne Bruns. Unter Mitarb. von Kaspar Huche. – Stuttgart : Franckh-Kosmos.
Bd. 1 verf. von Susanne und Sabine Bruns ; Joachim Stammer
NE: Bruns, Susanne; Bruns, Sabine; Stammer, Joachim
Bd. 3 (1993)
ISBN 3-440-06636-3

Lektorat: Bärbel Oftring, Gudrun Braun
ISBN 3-440-06636-3
Printed in Germany/Imprimé en Allemagne
Satz: G. Müller, Heilbronn
Druck und Binden: Huber KG, Dießen

Liebe Freunde altbewährter Gärtnerweisheit,

wir kamen damals gerade mit unserem zweiten Großvater-Buch zum Ende, da hörten wir gelegentlich Großvater so etwas murmeln wie: »... ist ja noch lange nicht alles, ich hätt' da eventuell noch so einiges in petto...«, und wir waren natürlich sehr neugierig und ahnten sofort: Großvater III war geboren!
Nun, so flott wollte Großvater nicht gewettet haben und meinte zunächst nur, daß es uns doch eigentlich langen müßte und außerdem glaube er gar nicht, daß sich viele Leute überhaupt »für so 'n altmodischen Kram interessieren«. Das war freilich ein gigantischer Irrtum, den Sie, liebe Leser, aufs reizendste richtigstellten. Ja, just in diesem Augenblick sind Sie wiederum dabei, diese unglaubliche Fehleinschätzung souverän zu widerlegen, indem Sie den klugen Rat des charmanten Buchhändlers völlig richtig einschätzen und in eine glückliche Gartenzukunft investieren. Herzlichen Glückwunsch!
Auch in diesem dritten Band wird Sie Großvater – und selbstverständlich gleichermaßen Großmutter – mit so manchem Tip und Trick aus ihrem reichen gärtnerischen Wissensfundus versorgen, mit über lange Jahre, mitunter vor etlichen Generationen bereits angewandten Anbau-, Pflege-, Schutz- und Ernteweisen. Es zeigt sich immer wieder, daß viele Arbeiten im Garten keiner High-Tech-Lösungen bedürfen, um zu Erfolgen zu führen. Wenn man etwa darüber in Kenntnis gesetzt ist, unter welchen Umständen gewisse Dinge mit schwarzer, andere dagegen mit weißer Farbe bestrichen werden sollten, braucht man hinsichtlich bestimmter Folgen keineswegs schwarz zu sehen (siehe Seite 21). Wie man auch in ziemlich winzigen Gärtchen zum glücklichen Ernter stolzer Obst- und Gemüsevielfalt werden kann, wußten unsere Großeltern mit pfiffigen, äußerst rationellen Methoden zu erreichen – Erbsenkreise inbegriffen. Selbstgeerntetes ist uns ganz besonders wertvoll, und früher, als kein Supermarkteinkauf die Lücken auf dem Eßtisch einfach schließen konnte, war zugleich die Haltbarmachung der Kostbarkeiten, die man der Erde abrang, eine Kunst nicht geringen Grades, die so schnell keine noch so moderne Konservendose zu ersetzen vermag.
Neben der Vielzahl einzelner großelterlicher Gartenweisheiten werfen wir auch einen Blick über den Zaun und sehen ein bißchen zu, nach welchen Grundsätzen in der Vergangenheit gärtnerisch gehandelt wurde. Sicherlich, nicht alles, was an Regeln und Gesetzen anno dazumal im Garten regierte, wird den kritischen Zeitgenossen überzeugen. Doch ein recht hübsches Schatzkästlein, angefüllt mit gärtnerischem Erfahrungswissen, kommt allemal zusammen. Allein, über die bedeutungsvolle Tatsache aufgeklärt zu werden, daß die innere Einstellung zählt, die Laune, mit der durch den Garten spaziert und das liebe Grün und Bunt gehegt und gepflegt wird, ist doch schon ein Rendezvous mit Großvater wert. Aber fragen oder lesen Sie ihn nur selbst, einen guten Rat hat er fast immer parat!

Was Großvater noch wußte III

Zuallererst: Gartenarbeit soll auf fruchtbaren Boden fallen

Kaffeesatz Nr. 3

Aller guten Dinge sind drei – dachten wir uns und nehmen auch in diesem Großvater-Buch die Berichterstattung über die vorzüglichen Eigenschaften von Kaffeesatz nochmals auf. Als Torfersatz für Moorbeetpflanzen ist er geeignet (Großvater I), als Dünger für Schnittlauch ebenfalls (Großvater II), und hier soll er nun als Bodenlockerungsmittel empfohlen werden.

Recht ordentliche Mengen wird man schon auftreiben müssen, sofern man Kaffeesatz zur Bodenlockerung einsetzen will, also mal in einem Café oder einer Großküche nachfragen. Insbesondere dort, wo die düngende Wirkung von Kompost stören würde (bei vielen Wildpflanzen oder Mittelmeerkräutern etwa), böte sich mit den Resten der allgegenwärtigen Kaffeelust ein hervorragender Ersatzstoff an.

Ein kleiner Eimer Kaffeesatz pro Quadratmeter eingearbeitet läßt lehmigen Boden spürbar lockerer werden. Sandige Böden profitieren gleichfalls von dem Stoff; ihre eingeschränkte Fähigkeit, Wasser zu speichern, läßt sich mit ihm steigern.

Pflanzendünger – Gartengrüße aus Fernost

Geheimnisvolles Indien, erstaunliches China, viele eurer weisen Ratschläge sind fruchtbarer Dünger auf unseren abendländischen Äckern. Waren es nicht eure Großväter, in deren Reihen man als guter Gärtner galt, wenn man tierischen Dünger ablehnte, weil er angeblich die Fortpflanzung des Ungeziefers begünstigte? Jedenfalls drang Anfang des letzten Jahrhunderts aus Fernost die Kunde vom Pflanzendünger nach Deutschland, woraus heutzutage mindestens der naturbewußte Gartenmensch seinen Nutzen zieht.

Ihren Pflanzendünger bereiteten die chinesischen und indischen Gärtner aus dem Ölkuchen der Erdbohne, den sie eine Zeitlang in Wasser gären ließen, bis man mit Fug und Recht von Jauche sprechen konnte. Mit dieser begoß man nun die Beete und erfreute sich an der ertragssteigernden Wirkung. Die Inder waren davon wohl so angetan, daß sie es mit allen möglichen Pflanzen probierten. Die Jauche aus Brennesseln haben wir von den Großeltern geerbt und mittlerweile u.a. als guten Stickstoffdünger kennen- und schätzenge-

lernt. Wegen des Stickstoffgehalts bietet sie sich sicher nicht für alle Pflanzen an. Nehmen wir also den Gedanken unserer fernöstlichen Vorfahren auf und begreifen die Jauche verschiedenster Pflanzen, z. B. im Hinblick auf die Düngewirkung, als eine Alternative bzw. Ergänzung zum Mulchen. Die kostbaren Inhaltsstoffe, beispielsweise der gejäteter Wildkräuter, können so zurückgewonnen werden und stehen unseren Kulturpflanzen zur Verfügung. Beim Verjauchen muß man auch nicht so sehr auf samenfreies Pflanzenmaterial wie beim Mulchen achten, weil bis auf sehr hartschalige Samen die meisten während des Gärprozesses ihre Lebensfähigkeit verlieren werden.

Wolle, auch Du ein Dünger?

Der Dünge-Effekt von Wolle ist vielleicht noch nicht oder genauer: nicht mehr bekannt. Die Wirkung von in den Boden eingearbeiteter Wolle dürfte in ähnliche Richtung wie die von Hornmehl gehen. Nun soll dieser Tip beileibe keine Aufforderung zur Plünderung der Garderobe sein; bei den meisten Wolltextilien aus heutiger Produktion wird man ohnehin wenig Leckeres an pflanzenverwertbaren Inhaltsstoffen vorfinden, aber locker bis zu 30 % und mehr an teilweise hochtoxischen chemischen Zusätzen. Wir wollen ja nicht über die Hintertür, sprich Klamottenkiste, die konventionelle Anbauweise wieder einführen! Über die Beschaffenheit des Wuschelstoffs sollte man eben genau Bescheid wissen, im übrigen ja nicht nur aus gärtnerischen Gründen.

Knochenmehl: Es kann noch mehr

Als Blumendünger, wir verraten nichts Neues, sehen wir Knochenmehl wegen seines blütentreibenden Phosphorgehalts als erste Wahl an. Noch viel weniger neu, deswegen sicher aber auch lange nicht so verbreitet, ist die Tatsache, daß Knochenmehl als vorzüglicher Dünger für schwere, lehmhaltige, kalte Böden unter den älteren Generationen gehandelt wurde. Für sandige Böden eignet es sich dagegen nicht so gut, weil sein hitziges Temperament die Trokkenheit des Erdmaterials noch verstärken würde.

Baumpflanzung: Starthilfe für den Nachwuchs

Den jungen, unerfahrenen Erdgeschöpfen wollen wir alles Gute mit auf den Lebensweg geben, und bei frisch zu pflanzenden Jungbäumen beginnen wir mit folgender edlen Tat: Im Herbst bereits heben wir das Pflanzloch aus, etwa einen Meter tief und breit. Die ausgehobene Erde wird dabei auf zwei Haufen verteilt: einer von der oberen, der besseren, einer von der unteren Bodenschicht. Im Frühjahr, zur Pflanzzeit,

kommt zuerst die Erde der oberen Schicht ins Pflanzloch, und zwar so viel, daß der darauf gesetzte Baum ausreichend hoch steht. (Die Veredelungsstelle, erkennbar an einer Verdickung im Stamm, soll eine Handbreit über dem Boden sein.) Eventuell muß man sich zusätzlich von anderer Stelle »gute Erde« beschaffen.
Steht der Baum wie gewünscht auf seinem extrafeinen Grund, wirft man zwei bis drei Handvoll Gerste auf die blanken Wurzeln und füllt anschließend mit der restlichen Erde ausreichend auf. Man darf nun den Boden nicht allzu fest antreten, damit sich die Gerste nicht erhitzt (durch möglichen Luftabschluß) und zu faulen beginnt, mit entsprechender Ansteckungsgefahr für den Pflanzling.
Die Gerste soll sich langsam zersetzen und auf diese Weise als Kraftspender die Wachstumsfreude anspornen. Das Schöne daran ist, daß sich mit dieser speziellen Starthilfe dem jungen Baum die ersten Früchte frühzeitiger entlokken lassen, verriet Großvater. Und dann muß es ja stimmen.

Wachsen und gedeihen lassen: Von Großvaters Umgangsformen mit der Garten-Pflanzenwelt

Endlich bewiesen!

Es ruft doch immer wieder Erstaunen hervor, daß den sogenannten exakten Wissenschaften gelegentlich Erkenntnisse zufallen, die im normalmenschlichen Bereich eigentlich nie ernsthaft bezweifelt worden sind, die aber bedauerlicherweise oft, von den immerklugen Argumenten geduckt, ein fast vergessenes Dasein fristen müssen.
»Die Schritte des Herrn düngen den Garten« besagt eine alte Gartenweisheit, und so könnte auch das Fazit eines von der Fachhochschule Weihenstephan wissenschaftlich begleiteten Experiments lauten. Es zeigte sich nämlich – welchen alten Gartenhasen wundert's –, daß sich (beispielsweise) Tomatenpflanzen bei liebevoller pflegerischer Zuwendung mit einem Mehrertrag bedankten. Gegenüber Pflanzen, die lediglich mit dem materiell Notwendigen (Wasser und Dünger) versorgt wurden, ließen die freundlich und zuvorkommend bedienten durchschnittlich

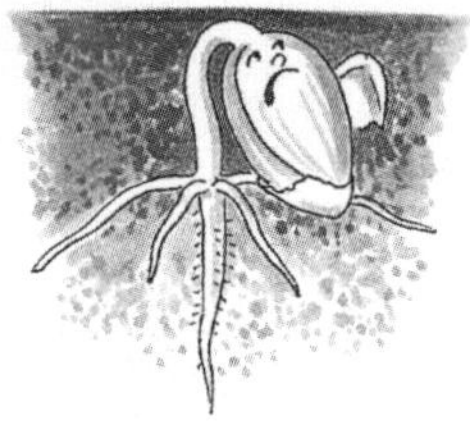

drei Früchte mehr wachsen. Beim morgendlichen Rundgang etwa sollte man also nicht total mufflig und vergnatzt durch die Beete schlurfen oder auch nur ganz unbeteiligt seinen gärtnerischen Pflichten nachgehen.
Der Ton macht eben auch im Garten die Musik!

Rettendes Dach über dem Kopf: Gläserner Frostschutz

Frostempfindliche Pflanzen wußten sich bei Großvater gut aufgehoben. Er hielt für sie im Frühjahr stets einige große Glasglocken oder auch transportable Minigewächshäuser mit in Metall gefaßten kleinen Scheiben bereit. Aufpassen mußte er nur an sonnigen Tagen, denn dann wurde es selbst im Frühjahr leicht zu heiß unter solchen Schutzdächern; so hieß es, auf entsprechende Belüftung zu achten.
Wem also derartige Frostschutzmittel vergangener Zeiten zur Verfügung stehen, der denke an unterzulegende Hölzchen bei den Glocken und zu öffnende Fensterchen bei den transportablen Häusern.
Heutzutage frostschützt man häufig mit Folien oder Vliesen. Das sind durchaus nützliche moderne Errungenschaften, zumal wenn ganze Beete zwecks Ernteverfrühung abgedeckt werden. Die Folien oder Vliese bleiben üblicherweise bis Mitte Mai, also bis zu den Eisheiligen, auf den Beeten liegen.
Großvaters Methode bietet allerdings einen nicht zu unterschätzenden Vorteil: Gezielt können einzelne Pflanzen, etwa junge Zucchini oder Paprika, erste Triebe von Dahlien oder Gladiolen für einige Tage vor späten Frösten geschützt werden. Wer nun nicht auf großväterliche Bestände zurückgreifen kann, verwende große Einmachgläser oder baue sich Holzrahmen, die mit Folie bespannt bzw. mit Glas abgedeckt werden. Hauptsache, man hat ein Dach überm Pflanzenkopf parat.

Der rettende Schutz aus Glas für Gemüse bei Spätfrösten.

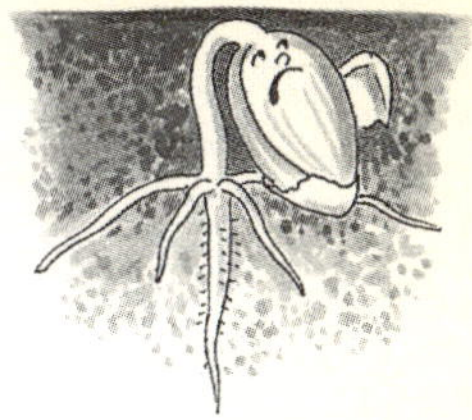

Keimhilfe Feuchtigkeit: Des Guten nicht zuviel getan

»Seltsam, seltsam«, klagte kopfschüttelnd der frustrierte Junggärtner »warum nur diese mickrige Saatausbeute, wo ich's doch stets fleißig goß« und strich mit sanften Pflanzenliebhaberhänden über die arg verkrustete Beeterde.

Und so ging er dahin, besorgte sich die berühmte Ausgabe von »Was Großvater noch wußte III« und erfuhr zum großen Erstaunen jene tiefe Wahrheit, die da lautet: Ja, es stimmt, Samen brauchen Feuchtigkeit. Unverzeihlich falsch ist es jedoch, besonders zu sonnendurchfluteten Zeiten, die Saatbeete Tag für Tag »gründlich« zu gießen. Nässe und Sonne verbünden sich zu bös erdverkrustender Kraft, die vermeintlich gute Tat endet damit, daß die meisten Keimlinge die entstandene Kruste kaum zu durchstoßen vermögen und jämmerlich verenden. Mit andern Worten: Die Aussaat mißlingt. Besser ist es, die Erde vor der Aussaat gut zu durchfeuchten, zu lockern und anschließend Saatbeet oder -reihe zu beschatten. Mit einer feinen, dünnen Mulchschicht liegt man dabei ganz richtig, hochgestellte Bretter sind eine Alternative, um die Feuchtigkeit in den Beeten länger zu halten. Und um der unendlichen Reihe an Kompost-Argumenten eines hinzuzufügen: Gut mit dem Natur-Recycling-Rohstoff versorgte, also humose Böden neigen wesentlich weniger zu Verkrustungen.

Keimhilfe: Im Brutkasten geht's besser

Aprikosen, Pflaumen und andere Steinobstarten sind nicht gerade keimfreudig zu nennen. Um hier auf die Sprünge zu helfen, empfiehlt es sich, die Kerne zunächst mit Kleie zu vermischen und diese angefeuchtet in ein irdenes Gefäß (Tontopf) zu füllen. Durch die Erhitzung der Kleie entsteht eine Art Brutkasten-Effekt, wodurch der Keimvorgang in Gang gebracht wird. Sollte die Kleie zwischenzeitlich trocken werden, muß

Die Saatbeete müssen besonders sorgsam gepflegt und gegossen werden. Der seitliche Schutz gibt Schatten vor zu viel Sonne.

man nachfeuchten. Ungefähr nach acht bis zehn Tagen ist der Keimling zu sehen und kann eingepflanzt werden.

Großvaters Feinschmecker-Tip: Edelkastanie anschaffen

Großvater mußte noch viel Geduld aufbringen, bis er die ersten heißen Maroni, geerntet vom eigenen Baum, naschen durfte. Etwa 20 lange Jahre konnte die Warterei schon dauern. Liebhaber dieses eher seltenen Fruchtvergnügens benötigen heutzutage lediglich einen ca. 4–5 Jahre langen Geduldsfaden. Wer dazu seinen ständigen Wohnsitz in Gegenden mit mildem Klima (Weinanbaugebiete) angemeldet hat, spiele ruhig ernsthaft mit dem Gedanken einer Edelkastanien-Anschaffung (*Castanea sativa*).
Aufmerksamkeit schenke man diesen Bäumen bitte nicht nur während der Ernte, sondern auch im Mai, der Jahreszeit später Nachtfröste.

Mangold – echt antik und doch modern

Auf stolze dreitausend Jahre Kultur kann der Mangold zurückblicken – so lange schon lassen ihn sich die Menschen schmecken. Anders als andere Kulturpflanzen ist er nicht völlig in Vergessenheit geraten, obschon eher selten im Garten anzutreffen. Es gibt aber immer noch ein vielseitiges Sortenangebot: Da findet sich grüner und roter Mangold, Stielmangold mit dicken Stielen und breiten Blattrippen sowie Blattmangold mit großen Blättern.
Im April ausgesät, liefert dieses Gemüse den ganzen Sommer über immer neue Blätter (nur die äußeren ernten), die sich auf unterschiedlichste Weise zubereiten lassen: Die Stiele können uns über spargellose Zeiten hinwegtrösten und wie eben jenes Gemüse gekocht werden; die Blätter lassen sich füllen oder wie Spinat anrichten. Die rote Sorte ist obendrein hübsch anzusehen, und Mangoldblüten in der Vase sind ebenfalls recht gefällig fürs Auge. Wenn er auch recht viel Platz in Anspruch nimmt (20–40 cm Abstand, je nach Sorte), bestehen mithin durchaus gute Aussichten für die nächsten dreitausend Jährchen, sollte man meinen.

Lauchkraut: Der Ersatz-Knobi

Wie vielen Kreaturen man doch so leichthin Gemeinheiten unterstellt! Zu den bedauerlichen Vertretern dieser Klasse gehört das Gemeine Lauchkraut (*Alliaria petiolata*), das ganz zu Unrecht als Unkraut verteufelt wird, wiewohl es sich freilich rasch und stark ausbreiten kann. Bekannt ist es auch unter den Namen Knoblauchs-Hederich, Hasenkohl, Knoblauchsrauke und Waldknoblauch. Von alters her als Heilpflanze und Gewürz im Gebrauch, ist es heute vielen unbekannt.

Dabei kann dies feine Kraut einen attraktiven Vorteil gegenüber dem Knoblauch ins Feld führen: Die Blätter enthalten Senföle und ermöglichen deshalb eine Verwendung wie Knoblauch, ohne allerdings die unbeliebten Genußkonsequenzen befürchten zu lassen. Wen das geruchsneutrale Argument überzeugt, der sollte beim Anbau daran denken, daß dieses Kraut halbschattige Standorte und stickstoffhaltige, nahrhafte Böden liebt. Wild kommt es unter Hecken und Büschen, an Waldrändern und in lichten, feuchten Wäldern vor, wo wir es am besten ganz in Ruhe lassen.

Wacholder: Begehrte Beeren selber ernten

Man muß nicht unbedingt zu den heimlichen Wacholderschnaps-Brennern gehören, um die Güte erntefrischer Wacholderbeeren dem Supermarktangebot vorzuziehen. Wer einem strauch- oder auch baumartig wachsenden Wacholder Platz in seinem Garten geben will, muß bei der Auswahl der Pflanze daran denken, daß lediglich der Gemeine Wacholder (*Juniperus communis*) die begehrten Beeren liefert. (Beim Kauf daher unbedingt auf die richtige Art achten!) Andere Wacholderarten bilden zwar auch Früchte, diese jedoch sind ungenießbar bis stark giftig (wie die des ähnlichen Sadebaums, *J. sabina*).
Wacholder wächst gemächlich; wer schnell an die Beeren will, kaufe sich am besten eine größere Solitärpflanze, für die man allerdings einiges zu berappen bereit sein muß. Die Beeren lassen sich drei Jahre Zeit mit der Reife, erkennbar schließlich an der blauschwarzen Farbe (siehe S. 37). Da der Strauch bzw. Baum jedes Jahr neue Früchte hervorbringt, sind immer auch reife dazwischen.
Übrigens: Nierenkranke sollten beim Verzehr wacholdergewürzter Speisen und Getränke in kleinen Mengen denken. Aber auch bei Gesunden kann ein Übermaß zu Nierenreizungen führen. Neben rein geschmacklichen Gründen sind es jedoch die grundsätzlich wohltuenden Wirkungen des Wacholders, die man sich bei schwerverdaulichen Speisen zunutze macht. So gilt wohl auch hier mal wieder: Weniger ist mehr.

Um des lieben Gärtnerfriedens willen: Schluß mit der Salat-Schießerei

Daß wir Großstadtmenschen auch nicht auf den Kopf gefallen sind, bewiesen ehedem die Berliner Schrebergärtner. Aus jenen grünen Kreativwerkstätten stammt nämlich folgender Trick wider die lästige Salat-Schießerei: Diejenigen Salate, deren Ernte später erfolgen soll, werden am Strunk mit einem scharfen Messer zu Dreiviertel eingeschnitten.
Damit wird ein gebremstes Wachstum erreicht, ohne die Pflanze vollständig von der Wasser- und Nährstoffzufuhr

abzuschneiden. Wer nun glaubt, auf diese bahnbrechende Schieß-Stop-Methode verzichten zu können, indem er – im Prinzip ja geradezu genial – von vornherein Folgesaaten einplant, dem halten wir wiederum überlegen entgegen, daß sich später Gesätes witterungsbedingt schneller entwickelt, die Schießgefahr sich solchermaßen keineswegs vollkommen bannen läßt. Moral der Geschichte: Man sollte Großvaters Tips und Tricks, zumal wenn es sich um echt berlinerische handelt, schon gebührlich zu würdigen wissen!

Ein besonderer Tip gegen die Salatblüte, Der Strunk wird zu drei Viertel eingeschnitten.

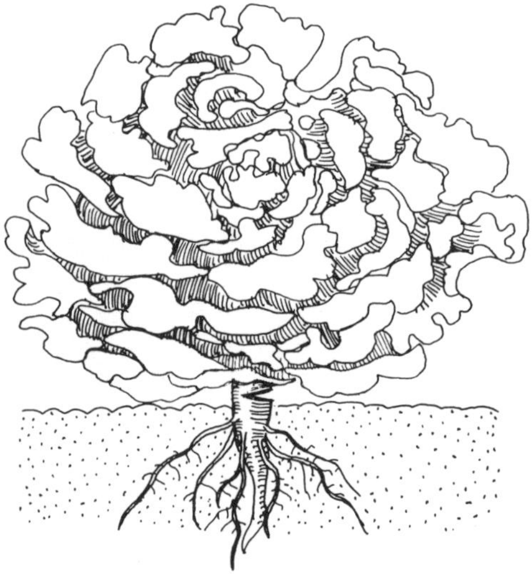

Achtung, Ackerwinde! Bremseinrichtung übergestülpt

Was nützen einem die edelsten Vorsätze, wenn man im entscheidenden Augenblick einfach überfordert ist? Solch ein Augenblick ist z.B. dann gekommen, wenn man noch ganz im guten Glauben, alles unter Kontrolle zu haben, die explosionsartig wachsende, alles überwuchernde Acker- oder Zaunwinde über die eigenen Beete herfallen sieht. »Unkraut«, entfährt es einem da, wohlwissend, daß hier nur eines der lieben Geschöpfe Gottes aus der Familie der Wildkräuter seiner Lebensfreude räumlichen Ausdruck verleiht.
Nun denn, wollen wir diesem ungestümen Drang nach Freiheit Zügel anlegen, bietet sich folgende Aktion an: Ist die Winde gerade im Begriff auszutreiben, stülpen wir entschlossen ein Glas (Marmeladen- oder Einmachglas) über sie und drücken es etwas in den Boden. Nach einer Weile hört die Winde auf, sich zu winden. Bleibt das Glas das ganze Jahr über stehen, dürfte dies auch für das kommende Jahr seine Bremswirkung auf die Wildheit des Krautes nicht verfehlen.

Erbsenkreise: Ein Rechenexempel

Die Statik moderner Erbsenpflanzen-Architektur zeigt zukunftsweisend auf, wohin uns innovatives, kreatives Ge-

müsemanagement zu führen in der Lage ist. Sich selbst stützende Sorten – Großvater kann stolz auf seinen Gärtnernachwuchs sein. Selbstbewußt ruht unser Blick auf den in mindestens zwei Reihen schön dicht gesäten, formstabilen Erbsenreihen.

Da wir seitens der künstlichen Windsteuerung noch gewisse Unregelmäßigkeiten zu verzeichnen haben, wenden wir uns beim Aufkommen heftigerer Böen dezent zur Seite und führen Großvater zu einem vertraulichen Gespräch über die Verwertung angewandter Alt-Techniken in ein beetentfernt liegendes Refugium. Dort erfahren wir dann, daß es früher zwei bis drei Meter hohe, also doppelt so hohe Erbsensorten wie die höchsten heutigen gab. Sie mußten wie üblich zwar mit einem Gerüst gestützt werden, man konnte ihnen allerdings durchaus menschenfreundliche Verhaltensweisen anerziehen.

In jeweils nur einer Reihe angebaut, schießen sie nicht in die Höhe und setzen schon weit unten Blüten an. Bequemeres Ernten und bei Regenwetter vergleichsweise trockene Kleidung, weil weniger gesamtkörperliches Herumirren im Erbsendickicht vonnöten ist, sind die Belohnung solchen Gärtnergeschicks.

Viel-Erntern empfiehlt Großvater den Anbau von Erbsen in Kreisen. Seine Kreise hatten etwa 1 m Durchmesser (ca. 3 Fuß) und standen ca. 70 cm (ca. 2 Fuß) entfernt voneinander. Folgende Rechnung lag den großväterlichen Überlegungen zugrunde:

Auf einer Länge von 30 Fuß haben 6 Kreise mit je 9 Fuß Umfang Platz, das sind 54 Fuß Erbsen. In gerader Linie hätte auf dieser Fläche nur eine Reihe Platz (=30 Fuß). Rechnet man ganz genau, so ist der Umfang etwas größer als 9 Fuß, und nach Abzug von 2 Fuß pro Kreiseingang lautet das Ergebnis 44 Fuß bei Kreiswirtschaft gegenüber 30 Fuß bei stur geradeaus, also immer-

Erbsenanbau mal ganz anders: Solche Spaliere aus Maschendraht in Kreisform sparen Platz.

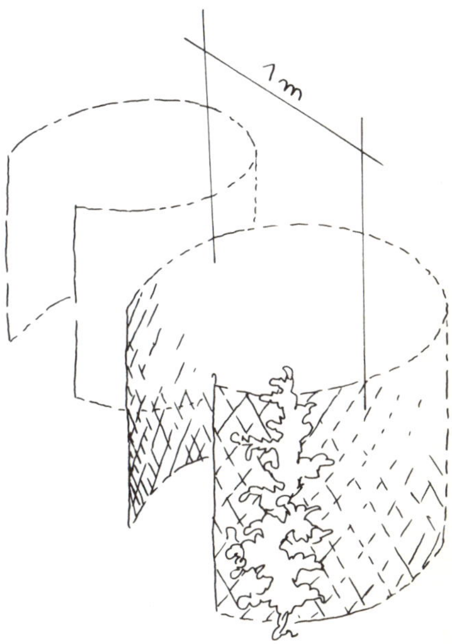

hin 1,5 mal soviel effektiv genutzte Anbaufläche. Und das ohne Taschenrechner!
Nachdem Großvater gegangen ist, stellen wir bei einem Inspektionsgang durch den Garten erleichtert fest, daß unsere Selbsttragenden gar nicht umgeknickt sind und alles in allem noch nicht mal 60% Verlust zu verzeichnen sein werden.

Großmutters kleine Kräuterkunde

Großmutter hatte es noch gut: Sie konnte den ganzen Sommer über Wildkräuter sammeln, ohne befürchten zu müssen, gefährdeten Beständen an Waldrändern und auf Wiesen zu schaden. Oder sich mit aus gesammelten Wildkräutern hergestellten Tees, Badezusätzen etc. die ganze Palette an chemischen Kampfstoffen zuzumuten, welche die einschlägige Landwirtschaft über die Felder hinaus in alle Gegenden ballert. Irgendwann hatte sich schließlich leider diejenige Fraktion unserer werten Vorfahren durchgesetzt, die meinte festlegen zu müssen, welches Kraut gefälligst mit »Un« anzureden sei. Hier einmal echt fortschrittlich – im besten Sinne des Wortes – zu handeln könnte heißen, die Kräuter (Unkräuter = Wildkräuter) selber zu ziehen.
Eine Kräuterecke reicht jedoch nicht, die Standortansprüche sind zu unterschiedlich. Sie sind aber sinnvollerweise zu berücksichtigen, damit die eigens kultivierten Wildkräuter mit einem möglichst hohen Wirkstoffgehalt aufwarten können. Als Groborientierung dient die Einteilung nach Herkunft der Kräuter aus dem mediterranen Raum und denen aus Mitteleuropa. Erstere sind heimisch auf kargen, mageren, steinigen Böden und lieben das Sonnenbad, beispielsweise Thymian. Die zweite Gruppe, zu der z.B. Liebstöckel gezählt wird, ist auf nährstoffreichere Böden angewiesen und kann sich auch mit beschatteten Standorten arrangieren. Nachfolgend einige Arten, die es lohnen, sie in den Garten zu holen.

- Johanniskraut (*Hypericum perforatum*) – das »Gute-Laune-Kraut« – als Tee verwendet, kann beruhigend wirken und die allgemeine Stimmung heben; macht die Haut lichtempfindlicher, so daß auf erhöhte Sonnenbrandgefahr geachtet werden muß.
- Schafgarbe (*Achillea millefolium*) – wirkt krampflösend (bei Bauchweh, Menstruationsbeschwerden z. B.) und soll auch Rückenschmerzen lindern, was ja vielleicht Gärtner interessiert.
- Veilchen (*Viola odorata*) – hilft bei Hals- und Mundentzündungen und gegen Verschleimung der Luftwege.
- Löwenzahn (*Taraxacum officinale*) – zur reinigenden, entwässernden Frühjahrskur; mindestens vier Wochen anwenden.

Die Edel- oder Eßkastanien – nicht nur geröstet, sondern auch optisch ein Genuß (siehe Seite 12).

❀ Meerrettich (*Armoracia insticana*) – hilft bei Husten, regt die Nierentätigkeit an (Entwässerung). Umschläge damit sind hilfreich bei Ischias und Hexenschuß (aber Vorsicht bei empfindlicher Haut).

Wer eine üppige Kräutersammlung anstrebt, sollte entsprechende Fachliteratur zu Rate ziehen, die auch auf die als Unkräuter verunglimpften Arten eingeht.

Frühe Frühkartoffeln

In Zeiten, als es noch keineswegs selbstverständlich war, das ganze Jahr über an jeder Ecke grundsätzlich alles, was das Herz begehrt, kaufen zu können, gab es stets Versuche, den einen oder anderen Vorgang zu beschleunigen. Unersättlichen Kartoffelfreunden beispielsweise ist es irgendwann gelungen, die ersten Ernteerfolge bereits im Mai auf den Tisch zu bringen.

Wer mithalten will, muß so vorgehen: Frühe Kartoffelsorten fangen meistens noch vor Weihnachten zu keimen an. Man wählt sich Knollen für die Unterbringung im Mistbeet aus, schützt vor allem den ersten Trieb vor Beschädigung. Im Januar setzt man jede Kartoffel einzeln in große Blumentöpfe (20–25 cm Durchmesser), die mit guter Erde gefüllt sind. Diese werden im Garten eingegraben und gut abgedeckt (Stroh, Streu etc.). Die niedrigen Temperaturen lassen Wurzeln und Triebe nur sehr langsam weiterwachsen. Sobald das Mistbeet im Februar angelegt ist, werden die Töpfe dort hineingestellt.

Die Kartoffeln wachsen jetzt sehr schnell weiter. Man sollte pro Topf nur

Oben: Besonders im Winter fallen die kugelig geformten Mistelsträucher in den Baumkronen auf (siehe Seite 33).
Unten: Der Igel ist ein gerngesehener Gast in jedem Garten.

Frühkartoffeln, in einem Mistbeet gezogen, lassen eine Ernte schon ab Mai erwarten.

einen Stengel Kraut stehenlassen, das geht zugunsten der Knollengröße. Das Mistbeet muß recht trocken gehalten werden, seine Fenster müssen an sonnigen Tagen offenstehen. Ab Anfang Mai kann dann die Speisekarte um Gerichte mit frühesten Frühkartoffeln aus der Eigenproduktion angereichert werden.
Das Mistbeet kann anschließend, wenn es wieder gut gegossen wird, noch ausreichend Hitze produzieren und somit nochmals genutzt werden. Für nicht ganz so Ernte-Eilige bietet sich auch die Variante an, die Pflanzkartoffeln zunächst in kleine Töpfe zu legen, um später die Pflanze herauszunehmen und in das Mistbeet zu bringen; die Ernte liegt dann etwas später.

Sprühtechnik – ganz ohne Technik

Die Auswahl an Sprühgeräten aller Art ist sicher umwerfend; vielleicht hat man jedoch einmal im entscheidenden Augenblick keins der Wundergeräte zur Hand, weil noch nicht besorgt, soeben verliehen oder wieder mal kaputt, kurz: Man ist techniklos. Wir lassen uns jedoch nicht kleinkriegen und besinnen uns auf den Umgang mit Notaggregaten.
Einen schlichten, nichtsdestotrotz passablen Ersatz stellt in solchen Fällen eine Bürste mit dichten Borsten (Kleiderbürste) dar. Nach dem Eintauchen in Wasser wird durch das Streichen mit der Hand über die Borsten der gewünschte Sprüheffekt hervorgerufen. Die Sprührichtung ist, den Naturgesetzen folgend, der Streichrichtung entgegengesetzt, was man in der Regel auch schnell lernt. Mitunter erweist sich so eine Anti-Technik-Methode sogar als echte Alternative zu größerem, unhandlichem Gerät, wenn etwa lediglich Pflanzen in Blumentöpfen oder Balkonkästen zu besprühen sind.

Obstblüte: Regnet's rein, greif doch ein!

Die einfachen Dinge des Lebens sind es nicht selten, die einem einerseits Kummer bereiten und einen wiederum andererseits in wohlfeile Stimmung versetzen.
Da ist zum einen beispielsweise der profane Regen. Und da kommen dann Obstblüte und Regen zusammen, und hin ist die Freude. Denn sind die Blüten erst einmal naß, ist es äußerst ungünstig um die Befruchtung eben dieser bestellt. Auf der anderen Seite steht aber die elementare Fähigkeit des Menschen, schütteln zu können. Diese schlichte Handlung, am Baum vollzogen, eventuell unter Hinzuziehen von Stöcken, verhilft den Blüten zur rascheren Abtrocknung. Weil oftmals schon eine kurze Regenpause zur Befruchtung der Obstblüte ausreicht, sollte man die Fähigkeit des gezielten Schüttelns zu gegebener Zeit nicht gerade gering schätzen.

Großvaters Spalierobst: Jedes Fleckchen Garten gut genutzt

Ja, das war ein gewichtiger Grund, wieso Spalierobst angebaut wurde. Und bei den heutigen, oftmals sehr bescheidenen Gartengrößen liegt es nahe, diese Anbauweise wieder mehr zu pflegen, möchte man auch auf Winzig-Grundstücken nicht nur Mini-Ernten einfahren.

Sorgfältig muß die Sorte von Äpfeln, Birnen und anderen Obstarten ausgewählt werden, denn je nach Himmelsrichtung der Wand, an der ein Baum stehen soll, eigenen sich verschiedene Sorten. Eine kleine Auswahl:

- An der Südwand, sehr sonnig und warm, auf eher trockenem Boden gedeihen die Birnensorten 'Alexander Lucas' oder 'Gräfin von Paris'; alle Pfirsiche und Weinreben; Aprikosen nur bei leicht beschatteter Wand.
- Die Nordwand ist kühl, feucht und schattig; hier lassen sich beispielsweise gut Sauerkirschen anbauen.
- Die Westwand zeigt zur feuchten Wetterseite, die je nach Neigung wärmer (nach Süden) oder kühler (nach Norden) ist; an ihr gedeihen Birnensorten wie die 'Kongreßbirne', 'Gellerts Butterbirne', 'Bunte Julibirne'; von den Äpfeln eignet sich z. B. 'Landsberger Renette'.
- Die eher kühle, aber trockene und windgeschützte Ostwand ist brauchbar für Birnen der Sorten 'William Christ', 'Clapps Liebling', 'Gellerts Butterbirne'; von den Apfelsorten kommt die Sorte 'Lanes Prinz Albert' mit der Lage zurecht.

Man sieht also: Obsternten sind nicht nur in Gärten von Fußballfeldgröße möglich, Platz ist oft auch neben der kleinsten Hütte.

Schwarz oder Weiß – das ist hier die Frage

Mauern oder Bretterwände, vor denen Spalierobst angebaut wird, bekommen in der Regel einen Anstrich – tendenziell schwarz oder weiß. Die Farbauswahl sollte man gerade hier nun nicht so sehr unter rein ästhetischen Gesichtspunkten treffen.

Unsere Ahnen hatten sich diesbezüglich schon sehr energieökonomische Fragen gestellt und konnten nach jahrelangen, empirisch ausgerichteten Untersuchungen folgende Erkenntnisse und Empfehlungen mitteilen: Dunkle Oberflächen bieten sich vor allem zum Zweck der Wärmespeicherung an. Deshalb sollten dickere Mauern, deren Material wirklich speicherfähig ist, einen dunklen Anstrich erhalten. So wird tagsüber Energie gespeichert und nachts abgegeben. Dieser Faktor ist in gartentechnischer Hinsicht einzubeziehen. Zu bedenken ist beispielsweise, daß solche »Kraftwerke« zu einer früheren Blüte antreiben könnten, die dann unter Umständen (trotzdem noch) von Nachtfrösten bedroht wäre (also an Abdeckung denken). Dünne Materialien, Bretter-

wände oder eben auch Mauern, die kaum zur Wärmespeicherung in der Lage sind, bekommen einen hellen Anstrich. Ihre Aufgabe ist es, Licht und damit Wärme zu reflektieren. Das kann beispielsweise eine Ernteverfrühung zur Folge haben. Zu berücksichtigen ist jedenfalls, daß mit beiden genannten Wärmequellen gerechnet werden kann und muß, und daß damit gezielt energiebewußt umgehen soll, wer Nutzen aus diesen Erkenntnissen ziehen will.

Spalierobst vor weißem oder schwarzem Hintergrund, beides hat seine Vorteile.

Spargel-Anbau Leipziger Art

Wo eigentlich, liebe Zeitgenossen, nahm das berühmte Leipziger Allerlei seinen Anfang? In Leipzig, genauer: Auf den Beeten allerlei Gärtner im Raum um Leipzig. Es war anno dazumal nämlich üblich, ein Gemüse – erraten: Spargel, der ja für gewöhnlich eine Anbau-Sonderrolle spielt – mit den verschiedensten Arten auf den Beeten mit anzubauen bzw., um genau zu sein, das Gemüse ohne viel Brimborium dazwischenzupflanzen. Diese doppelte Nutzung der Spargelbeete, die streng genommen zumindest keine reinrassigen

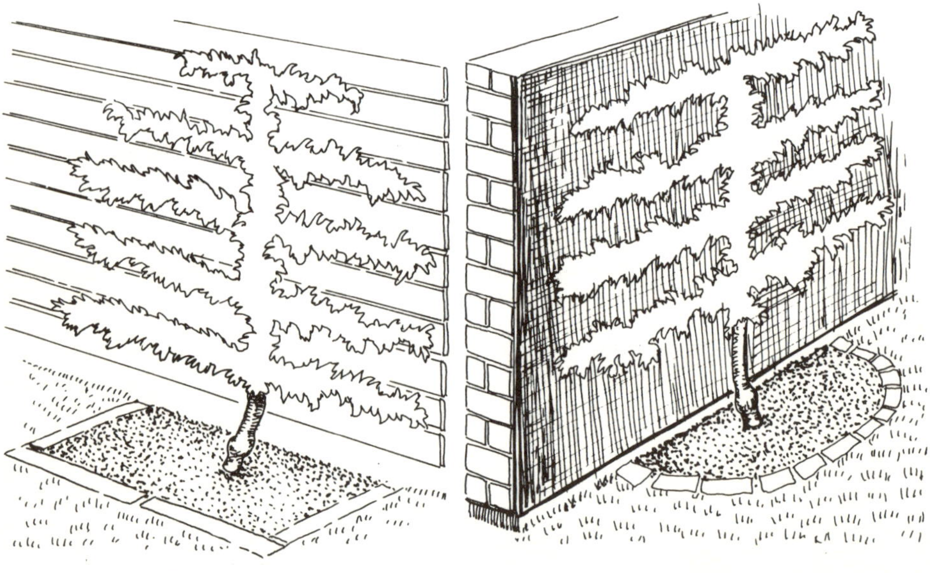

mehr sind, hat etwas sächsisch Pfiffiges, das man ausprobieren sollte. Bei der Zusammenstellung der Pflanzentruppe lasse man Starkzehrer von solchen Gemeinschafts-Beeten mit Spargel lieber weg; mit Salat, Kohlrabi, Spinat oder auch entsprechenden Kräutern aber sollte, was um Leipzig herum klappt, auch in anderen Gefilden nicht unmöglich sein. Wenn wider Erwarten nichts geht, einfach mal in und um Leipzig Erkundigungen einziehen.

Artischocken: Winterschock vermeiden – fachgerecht verkleiden

Diese Zier- und zugleich Gemüsepflanze läßt sich in unseren gemäßigten Zonen über zwei bis drei Jahre erhalten. Leider kann man der Pflanze lediglich in ausgesprochen milden Gegenden echte Winterhärte attestieren. Andernorts braucht sie einen geeigneten Kälteschutz. Wer kein Gewächshaus oder kühlen, trockenen Keller sein eigen nennen kann, wo Artischocken in Sand überwintern könnten, muß sie gezwungenermaßen auf dem Beet, bedeckt mit Laub oder Stroh, belassen.
Von zwei Problemen darf man sich hierbei nicht schocken lassen: Mäusefraß sowie Fäulnis unter der Winterbedekkung. Wir greifen also wieder auf den über Generationen angeschwollenen Intelligenzvorrat zurück und ergreifen wie folgt die Initiative: Zu Beginn unserer kältesten Jahreszeit wird das Laub der Artischockenstöcke ebenerdig abgeschnitten. Über die Pflanze wird ein ausreichend großer Blumentopf gestülpt und anschließend rundum hügelartig mit Erde bedeckt. Die Erde um den Topf klopft man vorzugsweise fest und glatt, damit das Regenwasser besser abfließen kann. So verpackt, sind die Artischocken vorerst recht ordentlich vor Kälte geschützt, und man braucht das Laub oder Stroh erst aufzulegen, wenn der Frost stark anzuziehen beginnt. Die gierigen Nager machen sich im übrigen auch erst an die Pflanzen heran, wenn die Abdeckung aufliegt; wir gewinnen somit in doppelter Hinsicht Zeit und Schutz.

Winterschutz für Artischocken: Über die abgeschnittene Staude wird ein Blumentopf gestülpt und mit Erde bedeckt.

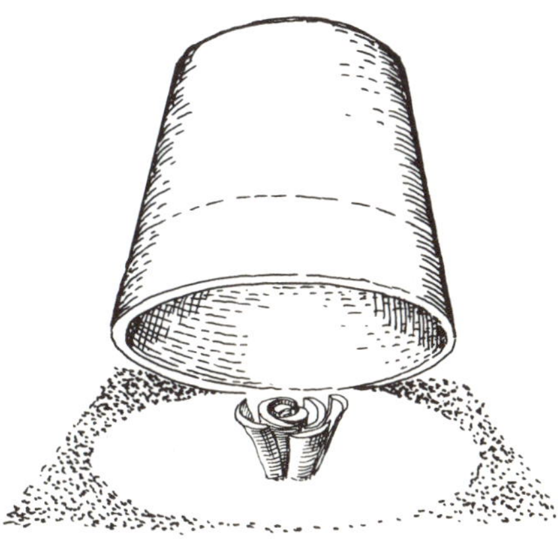

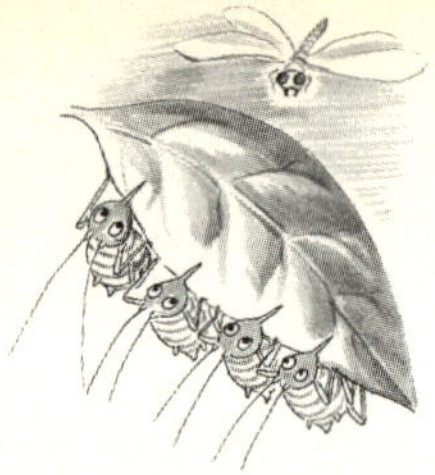

Vorbeugen, schützen, behandeln: Der erfahrene Pflanzendoktor bei der Arbeit

Milchmix besonderer Art: Da trollt sich der Maulwurf

Was für durchtriebene Verscheuchungsmittel unsere Altvorderen doch zusammengebraut haben, ging ihnen – zu Recht oder Unrecht – das Maulwurfgetier auf die Nerven. So vermixten sie drei Teile Molke mit einem Teil Buttermilch und bewahrten das Gebräu vier Tage an einem warmen Ort auf, wo es sein volles Abschreck-Aroma entfalten konnte. Die Anwendung folgte nun dem simplen Prinzip des In-die-Gänge-Gießens – pro Hügel so rund eine Tasse. Die gruselige Soße soll dann ein knappes halbes Jahr lang für entschiedene Vorbehalte hinsichtlich der Bewohnbarkeit solcherart präparierter Wohnlagen seitens der Maulwurfsgesellschaft gesorgt haben. Also, wer's glaubt, darf es ruhig selber mal probieren. Wer nicht, selbstverständlich auch.

Verschiedene Wege – ein Ziel: Ende der Blattlausplage

Blattläuse, allseits bekannt und recht unbeliebt, bei trockenem, warmem Wetter zudem unverschämt ausbreitungsfreudig, regten schon immer auf und den gärtnerischen Erfindungsgeist gelegentlich auch an. Von den zahlreichen Methoden, die aus Großvaters Werkstatt stammen, sollen nachfolgend einige vorgestellt werden, die sich mit dem Gedanken des naturgemäßen Gartenbaus vertragen.

Die Abschneid-Methode

Da sich die Läusebanden zu Beginn ihrer Invasion nur an den Triebspitzen der Bäume einquartieren, kann man durch Abschneiden eben dieser bereits ganz schön spaßverderbend auf sie einwirken. Auch anfängliches Entfernen einzelner gut besuchter Blätter dürfte recht verheerende Auswirkungen auf den Blattlausbestand haben. Diese Art von Unfreundlichkeit den Blattläusen gegenüber ist bei allen Obstbäumen erlaubt, mit Ausnahme frisch veredelter Reiser.

Einfach abbürsten

Der Erfolg wiederholten Abbürstens der Läuse von Blättern und Zweigen sollte nicht unterschätzt werden; es stellt jedoch bei größeren Gärten bzw.

Baumbeständen kein wirklich adäquates Verfahren dar. Ein scharfer Wasserstrahl ist die unerbittlichere Sprache heutiger Blattlaus-Gegner.

Die Bitternis-verbreiten-Methode

Als ziemlich tödlich gilt der Kontakt für Blattläuse mit bestimmten Bitterstoffen, wie sie in Wermutkraut (*Artemisia absinthium*) und Enzianwurzel (*Gentiana lutea, G. pannonica, G. punctata* und *G. purpurea*) zu finden sind. Will man diese weitreichende Wirkung nutzen, muß entweder ein Absud oder eine Art Tee aus den genannten Pflanzen hergestellt werden. Ein Absud, der nur aus holzigem Pflanzenmaterial (Wurzel u. ä.) gewonnen werden sollte, entsteht, indem man das Material, kalt aufgesetzt, zum Sieden bringt und etwa 1,5 Std. leicht weiterkochen läßt; danach wird abgeseiht. Die befallenen Pflanzen werden mit dem Absud bzw. der wie Tee hergestellten Brühe nach erfolgter Abkühlung gut befeuchtet.
Die Flüssigkeiten sollten so bemessen sein, daß sie schnell aufgebraucht werden, bevor sie nach einigen Tagen übler Geruchsentwicklung beginnen, vertreibende Wirkung auf ihre Anwender auszuüben, was ja nicht im Sinne des Erfinders wäre. Bitterstoffe enthalten neben den bereits erwähnten Pflanzen auch: Kalmuswurzel (*Acorus calamus*), Schafgarbenkraut (*Achillea millefolium*), Engelwurz (*Angelica archangelica*), Tausendgüldenkraut (*Centaurium umbellatum*).

Die Abseif-Methode

Als bestes Mittel wurde lange Zeit Seifenwasser gehandelt. Man verfährt hier bei der Herstellung wie beim Anrühren von Seifenlauge für die Rasur. Das Verhältnis von Wasser und Seife ist dann korrekt, wenn es beim Schlagen tüchtig schäumt. Nur für die braunen Läuse der Kirschbäume sollte die Mischung deftiger sein (mehr Seife).
Die Anwendungsweisen sind verschieden; gewöhnlich reicht es aus, das Seifenwasser mit einem groben Haarpinsel auf die befallenen Stellen zu strei-

Mit Seifenschaum läßt sich nicht nur der Bart »vertreiben«, auch Blattläusen behagt diese schaumige Angelegenheit nicht!

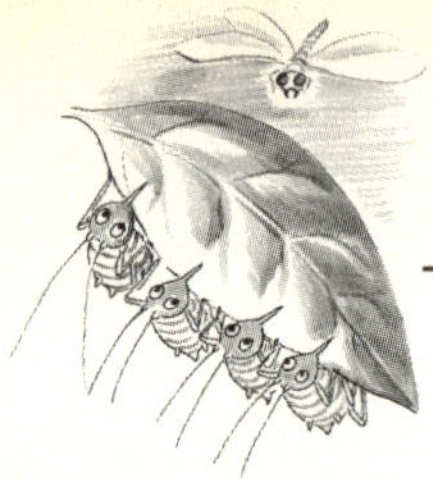

chen. Bei hartnäckigen Fällen hat sich die Arbeit mit einem Schwamm bewährt, der, gut getränkt, auf die befallenen Zweige gedrückt wird. Schneller geht's einem schließlich mit der Hand von der Hand. Dazu ergreift man tapfer eine Portion Schaum und streicht damit die Zweige von unten nach oben ein; so werden automatisch zusätzlich die Blattunterseiten, die auch von Blattläusen befallen sein können, benetzt. Kleinere Zweige können auch einfach in das Seifenwasser getaucht werden.

Weil sich die Eier der Blattläuse von diesen Maßnahmen unbeeindruckt zeigen, sollte man sich nicht vor einer Folgebehandlung nach zwei bis vier Wochen drücken, dann sind nämlich die Blattlauslarven geschlüpft.

Schmeckt Dir die Dicke Bohne kaum, nützt sie dennoch in Deinem Gartenraum

Die gute alte Dicke Bohne – bei den Großeltern war sie noch regelmäßig auf dem Mittagstisch. Wenn wir nun in der Küche nicht mehr so recht mit ihr klarkommen, im Garten ist sie jedenfalls so gut wie unentbehrlich, als Gründünger nämlich.

Dicke Bohnen lassen sich im Frühjahr anbauen und sind vor der Pflanzung der Hauptkultur erntereif.

Probleme gibt es nur leider immer wieder mit der Schwarzen Bohnenlaus; in unschöner Regelmäßigkeit sitzen über kurz oder lang die Spitzen voll. Deswegen gleich ein Tip an dieser Stelle. Vorbeugen kann man durch Vorkultur. Bereits Ende Februar können die Bohnen, am besten in Einzeltöpfen auf der Fensterbank, im Gewächshaus oder im Frühbeetkasten, vorgezogen werden und dann Ende März ins Freie. Dort wachsen sie rasch weiter und sind bereits reif, bevor höhere Temperaturen die Läusebande auf Trab bringen.

Levkojen vorm Floh geschützt, Salat benützt

Levkojen zieren nicht nur unsere Gärten, sondern mit Vorliebe auch die Speisekarte der Erdflöhe. Großvater kam kürzlich mit folgendem Trick 'rüber (wer weiß, wo er ihn herhat?), womit man frisch gepflanzte Levkojen vor der Flohgier schützen könne: Auf das Levkojenbeet wird zwei bis drei Wochen vor dem geplanten Pflanztermin Salat dicht gesät. Ist dann das Beet »begrünt«, werden die Levkojen (*Matthiola*) dazwischengepflanzt.

Mit deren zunehmender Größe werden die Salatpflänzchen nach und nach entfernt. Sind die Levkojen erst einmal so weit gewachsen, daß ihnen die Erdflöhe nicht mehr schaden können, hat der Salat seine Schuldigkeit getan, und der verbliebene Rest kann heraus. Das Ganze funktioniert angeblich, weil Erdflöhe zur Gruppe der Salat-Verächter gehören; was soll's, andere können dafür zum Beispiel Dicke Bohnen nicht ausstehen.

Pflanzenschutz

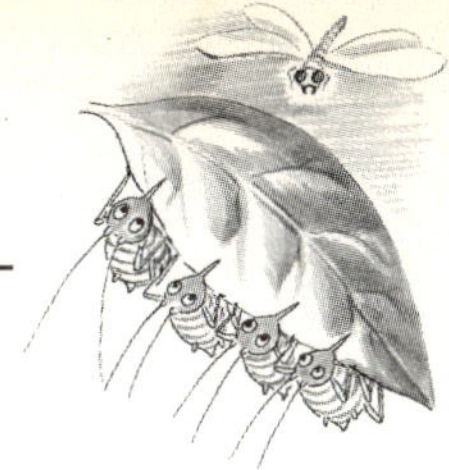

Brennesseln im Wandel der Zeit

Das internationale Ansehen der Brennnessel ist in den letzten Jahren, ganz sicher zumindest in den Reihen aller zukunftsorientierten Gärtnermenschen, beträchtlich gestiegen. Allein die in konstruktiver Zusammenarbeit mit ihr durchführbaren Pflanzenschutzmaßnahmen rechtfertigen grundsätzlich die friedliche Koexistenz mit diesem wilden Kraut.

Bei aller Sympathie muß freilich einschränkend festgestellt werden, daß der Drang der Nessel zu hegemonialen Ansprüchen, gartenpolitisch gesehen, nicht immer hingenommen werden kann. Rückt die Nessel in großen Beständen in für sie nicht vorgesehene Zonen allzu dreist vor, darf, ja muß man zügelnd für eine gerechte Platzverteilung unter den Gartenbewohnern sorgen.

Da wir eine Politik des Friedens mit immer weniger Waffen konsequent betreiben, verweisen wir einen chemischen Angriff sowieso und überhaupt ins Reich absurder Phantasielosigkeit und platter »Hau-drauf-Mentalität«. In unseren Kreisen schauen wir uns auch hier lieber wieder nach älteren, mitunter auch arbeits- und intelligenzaufwendigeren Methoden um.

Ein Verfahren, das etwas Geduld erfordert, besteht im Ausreißen der Brennessel mit ihrem Wurzelwerk. Man beginnt damit im Frühjahr; jedesmal, wenn die Stengel etwa 30 cm hoch sind, greift man (unbedingt handschuhgeschützt) herzhaft zu. Ein ruckhaftes Zerren vermeidet man jedoch besser, da man solchermaßen lediglich ein schnelles Abreißen kurzer Enden erzielt. Die Wurzeln der Nessel verlaufen ziemlich flach, in Gras sogar oberflächlich unter dem Gras, so daß sie sich oft meterweise »abribbeln« lassen; schwere Böden wässert man gegebenenfalls.

Mit Handarbeit den Brennesseln trotzen: Handschuhe helfen gegen die brennenden Folgen.

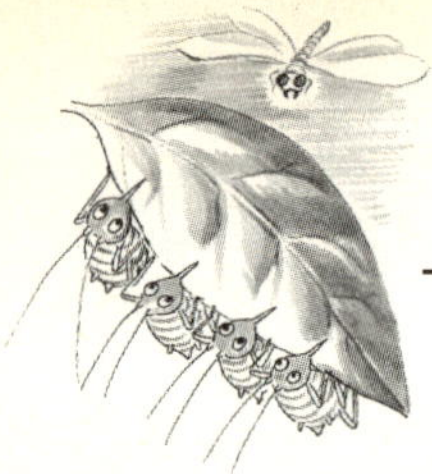

Pflanzenschutz

Ist der Kohl ganz fit, so er ist für 'n Kohlschädling kein Hit

Unsere schönen Zeiten mit gepflegten Dauerwohnraum-Temperaturen von 23°C und gern auch mehr haben doch auch gewisse Nebeneffekte, wie etwa die dicke Triefnase, wenn mal ein weniger laues Lüftchen weht. So hübsch verpimpelt, wie wir es schätzen, meinen viele auch mit ihren Pflanzen umgehen zu müssen. Häufiger Pflanzenschnupfen ist zwar noch nicht beobachtet worden, aber Folge falscher Verzärtelung ist sicher ein verlockender Schwachpunkt, an dem z.B. Kohlschädlinge angreifen können. Ohne uns nun dem Verdacht unseliger Abhärtungsideologien aussetzen zu wollen, soll hiermit ein Plädoyer für die Kohlpflanzen-Fitneß ausgesprochen werden.

Ein gutes Rüstzeug für ein gedeihliches Pflanzenleben erhält der Kohl durch eine entsprechende Anzucht. Keinesfalls soll die Anzuchterde fett (stark gedüngt und nährstoffreich) und das Saatbeet windgeschützt und schattig liegen. Im Gegenteil: Mit magerer Erde ausgestattete, von Wind und Wetter und natürlich auch von Sonne erreichbare Standorte sind wichtige Voraussetzungen dafür, daß unser Kohl kräftig, stämmig und widerstandsfähig heranwächst. Nach der Verpflanzung in nährstoffreiche Erde kommen solch gesunde Kohlpflanzen rasch voran und sind weit weniger attraktiv für etwaige Schädlinge als die schlappen Kollegen von nebenan.

Kohlgallenrüßler – nettes Ablenkungsmanöver zu beiderseitiger Zufriedenheit

Diese kleinen Käfer, die in den unteren Stengeln der Kohlgewächse ihre Eier ablegen, bereiten vergleichsweise selten große Kopfschmerzen. Ärgerliche Schadensdimensionen können sie aber bei langer Kultur, z.B. bei Weiß- und Rotkohl, anrichten. Die Larven des Kohlgallenrüßlers rufen haselnußgroße Gallen (Verwachsungen) hervor.

Knipst man diese ab, kann man innen die Larven in ihren Fraßgängen beobachten – wirklich sehr interessant, jedenfalls solange man nicht ans Essen denkt. Eine gewisse Liebhaberei der berüsselten Käfer läßt diese anscheinend Kohlrabi anderen Kohlarten vorziehen. Diese noch viel interessantere Beobachtung kommt uns zupaß, und wir nutzen sie, indem einige Kohlrabi ablenkerisch zwischen den Kopfkohl plaziert werden. Und es freut uns obendrein mächtig, daß der Kohlrabi zwar reichlich Besuch erhält, darunter jedoch wegen seiner relativ kurzen Kultur nicht zu leiden hat.

Wühlmausprobleme? Der Katze freie Bahn schaffen!

Will man die eigene (oder eine befreundete) Katze für die Jagd auf die lästigen Nager gewinnen, muß man für anständige Arbeitsbedingungen der Mitstreiter sorgen. Dazu gehört das

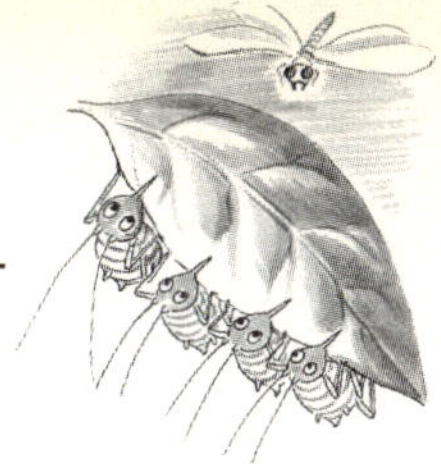

Kurzhalten der Rasenfläche, die von Wühlmausgängen durchzogen ist. Auf eine Formel gebracht, gehe man davon aus: Die Erfolgsquote der Katze steigt ungefähr proportional zur abnehmenden Länge des Grases.

Rosenkohl: Ist sein Röschen zart und fest, ist's ein wahres Schmausefest

Weil das ehrlich stimmt, düngen wir den Rosenkohl ab August nur noch sparsam. Wer an Holzasche kommt, kann damit die Ausbildung der erwünschten festen Röschen unterstützen.

Der richtige Wasser-Lauf: Gurke & Melone nehmen's sicher dankbar auf

Über das richtige Gießen kann man sich ohne weiteres seitenlang auslassen. Wir wollen an dieser Stelle aber lediglich eine Gießmethode für Gurken und Melonen zur Sprache bringen, mit der sich die bei diesen Gewächsen sehr unbeliebte Benetzung der Blätter mit Wasser verhindern läßt. In ein mit Wasser gefülltes Gefäß, das neben den Pflanzen steht, taucht man das eine Ende eines dochtartig gedrehten Wolllappens, der zuvor ganz durchfeuchtet wurde. Nun führt man den verbleibenden Teil dieses Wasserspenders an bzw. um den Wurzelbereich der Pflanzen herum. Das Wasser sickert auf diese Weise stetig und ohne Blattbefeuchtungsgefahr den Wurzeln entgegen.

Schneckenabwehr: Der Spezial-Tip

Rezepte zur Schneckenbekämpfung kann man eigentlich gar nicht genug kennen – es gibt doch so viele von ihnen, ja, Schnecken freilich, Schnecken. Aber auch Rezepte, hier ist noch eins: Die Früchte eines Strauchs namens Asiatische Kermesbeere (*Phytolacca acinosa*) lassen sich für die Bekämp-

Besonders Gurken und Melonen sind für stetige Bewässerung mit dem Wollappen dankbar.

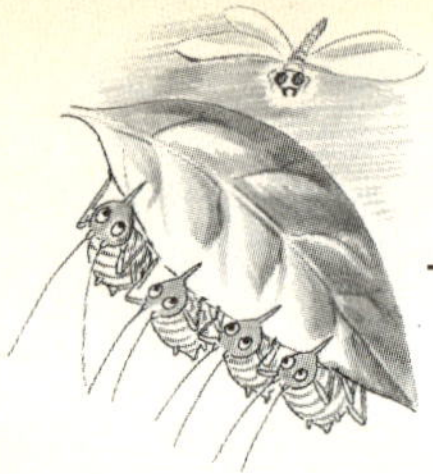

fung der Weichtiere einsetzen. In den Früchten sind sogenannte Saponine enthalten, die die Schleimhüllen der Schnecken angreifen und dadurch tödlich wirken.
Weil keine genau beschriebenen Anwendungsformen auffindbar waren, schlagen wir folgende Herangehensweise vor: Man sammelt die Früchte bzw. besorgt sich die Pflanzen vom Handel, muß dann allerdings auf die Ernte warten. Die Früchte werden getrocknet und anschließend vermahlen. Nun stellt man einen Kaltwasserauszug her (2 Eßlöffel Kermes-Pulver je Liter, 30 Minuten ziehen lassen) und sprüht davon auf die schneckengefährdeten Beete.
Wie lange die Wirkung anhält, hängt u. a. von der versprühten Menge ab und muß beobachtet werden. Die toten Schnecken entfernt man am besten von den Beeten, weil ihr Geruch nur weitere herbeilocken würde (aber für die haben wir zur Not ja die anderen Rezepte).
Ein Hinweis noch zur Kermespflanze: Sie kommt verwildert vor und siedelt sich mitunter von allein in Gärten an. Im Handel sind die beiden in unseren Regionen kultivierbaren Arten (von insgesamt über 30 Arten) meist fälschlicherweise nur unter dem Namen Amerikanische Kermesbeere (*Phytolacca americana*) zu erhalten. Man orientiere sich an folgendem Unterscheidungsmerkmal: Die asiatische Art hat aufrechte, die amerikanische hingegen hängende Blütenstände.

Obstbaum-Erziehung: Stolz der Baum die Krone trägt, wird nicht falsch herumgesägt

Damit später einmal mit Blick auf die in eigene Hege und Pflege genommenen jungen Obstbäume von einer guten Kinderstube gesprochen werden kann, muß man u. a. darauf achten, nicht zu viele Seitenäste wegzuschneiden, bevor die rechte Zeit gekommen ist. Auch

Für eine gute Kronenentwicklung von Obstbäumen ist der richtige Schnitt in der Jugend wichtig.

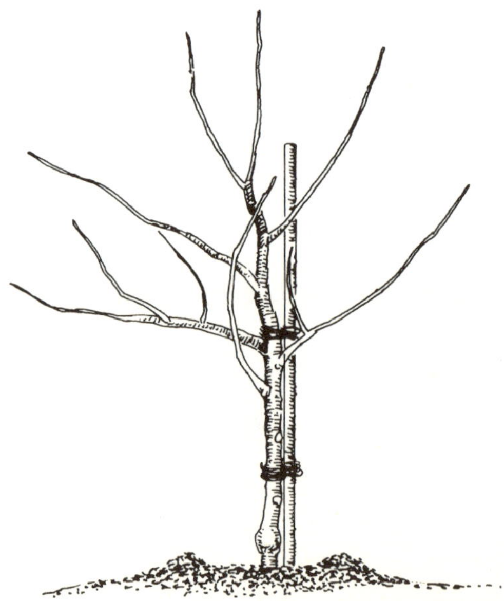

von den im Sommer wachsenden Seitentrieben sollten immer einige stehenbleiben. Die Seitenäste fördern nämlich das Dickenwachstum des Stammes, und deshalb sollten gerade von den unteren zunächst einige wachsen. Sonst bleibt der Stamm zu dünn, um einmal eine stolze Krone tragen zu können. Nach einigen Jahren kann auf diese Zweige zugunsten einer »Stammverlängerung« verzichtet werden.

Baumscheibe: Kommt der Mai, macht sie neu

Schön wär's ja, ginge einiges von selbst, denkt man sich gelegentlich selbst als Gärtner. Und eigentlich ist es doch auch so, recht besehen: Ein gutes Stück wächst uns die Natur ganz freiwillig und ohne unser Zutun praktisch in den Mund hinein. Was uns nicht davon abhalten sollte, im Monat Mai den Rasen um unsere Obstbäume herum abzustechen. Die Soden legen wir sodann verdreht wieder auf die Baumscheiben. Das verrottende Gras liefert dann, wieder ganz ohne weiteres Zutun unsererseits, Nährstoffe an den Baum.

Rund um die Obstbäume wird umgegraben, und die Grassoden werden umgedreht liegengelassen.

Seife in das Raupennest, dem Obstbaum mehr die Ruhe läßt

Dort, wo's am schönsten ist, läßt man sich nieder, dachten wohl die Raupen und bauten ihre Nester in die Zweige und Äste unserer Obstbäume. Egoistisch, wie wir nun mal sind, sorgen wir für ätzende Ungemütlichkeiten unter den Raupentieren, indem wir Seifenwasser (Schmier- oder Neutralseife) in die Nester befördern, d.h. diese mit der Lauge einpinseln.
Was nun mit den Nestern tun, die sich in verflixt unerreichbaren Höhen befinden? Praktisch ist hierfür ein Stock von nötiger Länge, dessen eines Ende mit

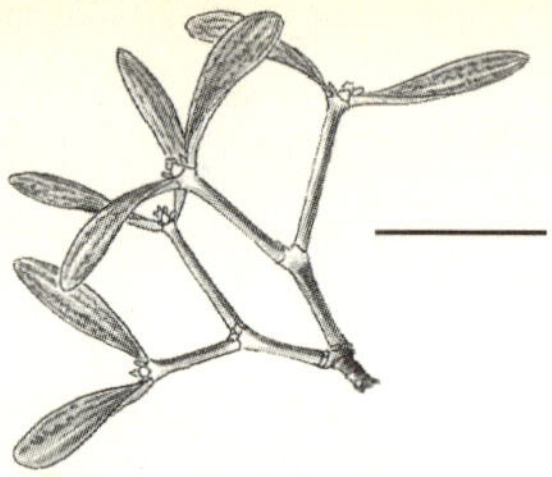

Wollstoff umwickelt wird. Wolle bietet sich deshalb an, weil sie besonders reichlich Flüssigkeit aufsaugen und auch halten kann.
Mit Hilfe dieses Instruments erreicht man nun auch hoch angebrachte Nester von allerlei schädlichen Raupen, auf denen man dann die vollgesogene Wolle ausdrückt.

Unten: Die Vertreibung von Raupen in ihren Nestern hoch oben in den Obstbäumen auf Großvaters Art.

Frostspanner fangen – in Wolle ihn bannen

Bevor es Leimringe fertig zu kaufen gab, wußte man sich auch durchaus des Frostspanners zu erwehren. Nach der alten Methode ging das so: Im Spätherbst wird um die betreffenden Baumstämme sogenannte feiste Schafwolle gewickelt, das ist ungereinigte und unversponnene Wolle; sie ist sozusagen mit dem Leimring-Effekt ausgestattet. Ende Januar werden die Wollgürtel abgenommen und »entschärft«. Früher wurde einfach verbrannt, heutzutage gibt es grundsätzlich strenge Auflagen, was das Verbrennen im Garten angeht. Tieferes Eingraben der »befallenen« Fanggürtel stellt eine ökologisch sinnvolle Alternative dar; dies empfiehlt sich übrigens ebenfalls zur Vernichtung von mit Pilzen befallenem Obst.
Wer ganz konsequent vorgehen will, sieht nach, ob Nützlinge wie Ohrwürmer oder Marienkäfer in der Woll-Falle Unterschlupf gefunden haben. Sie werden herausgenommen und in einen Ersatz-Schlupf (z. B. mit Holzwolle gefüllte Behälter) gebracht. Hierin besteht auch ein Vorteil gegenüber den Leimringen: Wer diesen erst einmal auf den Leim gegangen ist, dürfte rettungslos verloren sein.

Rechts: Ungesponnene Schafwolle leistet als Frostspannerfalle gute Dienste.

Pflanzenschutz

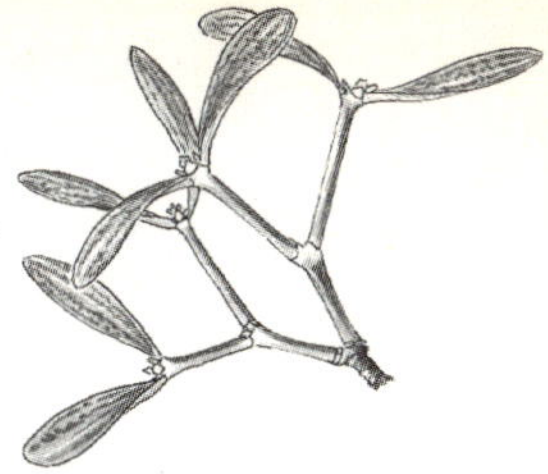

Die Mistel: Saugt sie allzu arg am Baum, schadet's leider mehr als kaum

Misteln stehen seit einiger Zeit in dem Ruf, gefährdet zu sein. Es heißt andererseits, nur für an unsere geographischen Verhältnisse unangepaßte Sorten bestehen keine guten Lebenschancen. Ihre geheimnisumwitterte Aura, ihr gutes Ansehen als Heilpflanze (etwa in der alternativen Immuntherapie) und nicht zuletzt das anmutige Aussehen blühender Misteln machen sie zu einer beliebten Pflanze, die sich der eine oder andere ganz gerne in die eigenen Garten-Bäume holt.

Vereinzelt auftretend, kann dieser Halbschmarotzer einem gesunden Baum keinen ernsthaften Schaden zufügen. In größerer Anzahl allerdings wirkt es sich schon öfter fatal für einen befallenen Baum aus, daß die Wurzeln eines Mistelstrauchs tief ins Holz hineinreichen und Wasser und Nährstoffe abziehen. Die einzige Methode, einen unter allzu üppigem Mistelbewuchs leidenden Baum zu retten, besteht in der althergebrachten Radikalmethode, die befallenen Äste großzügig abzusägen. Man kann davon ausgehen, daß die Mistelwurzeln noch bis zu ca. 1,5 m von der Befallstelle entfernt reichen.

Kirschen-Schutz: Mit Blinken und Klirren die Vögel verwirren

Weil wir unsere Kirschen genauso gerne essen, wie die Vögelchen das tun, müssen wir das liebe Federvieh bedauerlicherweise mit großväterlicher Raffinesse vom Schmausen abhalten. Wir brauchen dazu lediglich zwei Glasstückchen so miteinander zu verbinden, daß sie, im Baum aufgehängt, beim geringsten Lufthauch klirren und blinken. Für große Bäume empfiehlt sich der Ausbau des Systems. Unter Umständen sind da aber Größenordnungen erreichbar, die Anlaß zu nächtlichen Tumulten unter der Nachbarschaft geben könnten, so daß mit manchen vielleicht nicht mehr gut Kirschen essen ist. Daran sollte man denken.

Pflanzenschutz

Maden im Obst – hier ist der Trost

Es kann einen schon ordentlich fuchsen, wenn die ersehnten ersten Früchte eines jungen Baumes, von Maden angefressen, vorzeitig abfallen. Wem dies gewaltig aufs Gemütchen schlägt, sollte es sich mit etwas Arbeit kühlen und folgende Rettungsmaßnahmen zu gegebener Zeit einleiten: Gleich nachdem man des leidigen Befalls gewahr wurde, befördert man die unliebsame Konkurrenz mit einem kegelförmigen Schnitt aus der Frucht. Mit etwas Glück können die solcherart befreiten Früchte noch ausreifen und an der Schnittstelle neue Schale ausbilden und so über unwiederbringliche Verluste hinwegtrösten.

Baum-Krebs – vorbeugen ist besser als heilen

Diese elende Krankheit macht nicht nur den Menschen zu schaffen, auch für Bäume kann sie zum schweren Leiden werden. Krebswunden an Bäumen müssen großzügig bis ins gesunde Holz hinein ausgeschnitten werden. Anschließend verschließt man die Schnittstelle, z.B. mit Baumharz (im Fachhandel nachfragen).
Möglich ist es auch, gar nichts auf die Wunde zu tun; unter ökologischen Gesichtspunkten betrachtet, ist dies einer chemischen Behandlung sowieso glatt vorzuziehen. Im Falle des partiellen, aber besonders naturgemäßen Nichtstuns sollte man vor allem dafür sorgen, daß die kranke Stelle sehr sauber, d.h. glatt ausgeschnitten wird. Es muß verhindert werden, daß sich Feuchtigkeit in fasrigen Ecken etc. staut, eindringendes Wasser muß unbedingt gut abfließen können. Der Heilungsprozeß kann dadurch positiv beeinflußt werden, indem man immer wieder kleine Einschnitte in das junge Gewebe am Wundenrand (in die Innenseite der sich bildenden Wulst, dem Kallusgewebe) vornimmt, bis sich die Wunde vollständig geschlossen hat. Aus Erfahrung am eigenen Leib weiß sicher so mancher von uns, daß eine Wunde, wenn sie

Seite 35
Oben: Knoblauchwürze ohne Reue – die Knoblauch-Rauke sollte in keinem Kräuterbeet fehlen (siehe Seite 12).
Unten: Auch die Terrasse oder der Balkon ermöglichen reiche Kräuterernten.

Seite 36
Die alten, duftenden Rosensorten kommen wieder in Mode.

Seite 37
Oben links: Fuchsien – wie man einen Hochstamm selber heranziehen kann, siehe auf Seite 43
Oben rechts: Nur die schwarzen Wacholderbeeren sind erntereif (siehe Seite 13).
Unten: Wunderschöne Hortensienblüten, mit dem richtigen Schnitt kein Problem (siehe Seite 41).

Oben links: Für jeden Zweck eine andere Apfel- oder Birnensorte, Großvaters Vielfalt im Obstgarten (siehe Seite 62).
Oben rechts: Die Erntezeit von schwarzen Johannisbeeren kann durch Abdeckung verlängert werden (siehe Seite 51).
Unten: Erntezeit im Herbst

nicht durch Pflaster überdeckt ist, in der Regel schneller abheilt; allerdings müssen hier wie dort wirklich hygienische Verhältnisse herrschen.
Oft liegt es am Standort, wenn Obstbäume krebsig werden; zu schwere Böden oder auch unterirdische Wasseradern werden beschuldigt. Bekommt man die Krankheit nicht in den Griff, muß man gegebenenfalls in den letzten sauren Apfel beißen und fällen, um es an einer anderen Stelle mit einer Neuanpflanzung zu versuchen. Dabei sollten tonige Böden bis in eine Tiefe von einem Meter verbessert werden (mit einer Sand-Steinmehl-Mischung), nasse Böden benötigen eine Drainage. Zu Apfel- und Birnensorten, von denen man aus Erfahrung weiß, daß sie bei ungünstigen Bodenverhältnissen schnell Krebs bekommen, gehören:

- Äpfel
  'Berner Rosenapfel', 'Goldrenette von Blenheim', 'Champagner Renette', 'Landsberger Renette', 'Bohnapfel', 'Cox Orange', 'Gelber Edelapfel', 'Goldparmäne', 'Ingrid Marie', 'Jakob Lebel', 'Klarapfel', 'Ontario', 'Signe Tillisch'
- Birnen
  'Gellerts Butterbirne', 'Birne von Tongern', 'Winternelis'

Großmutters Blumengarten

Schere im Schrank, Messer zur Hand

Wollte sich Großmutter Blumen für die Vase ins Haus holen, griff sie ganz bestimmt zur – na wer weiß es? Richtig! – Gartenschere nicht. Ja, denn nicht die Gartenschere garantiert den sauberen, glatten Schnitt an den Stielenden, der freilich unerläßlich für die Wasseraufnahme der Schnittblume ist. Die Schere quetscht nur, was hier Quatsch wäre. Ein scharfes Messer ist allemal besser.

Und lang soll sie währen, ...

... die Freude an den Blumen im Haus, in der Vase. Großmutter rät: Das Wasser möglichst täglich wechseln, Vasen un-

bedingt zugfrei und vor prallem Sonnenschein geschützt aufstellen. Wenn der Raum, in dem Blumen stehen, warm gehalten wird, gönne man den Pflanzen nachts Abkühlung an einem entsprechendem Ort; Temperaturveränderungen sind ihnen aus der freien Natur durchaus geläufig.
Zusätze zum Wasser, welche die Haltbarkeit verlängern, sind am besten nach Blumenart auszuwählen. Im Gespräch ist übrigens Mineralwasser, was wegen der inzwischen oftmals miesen Wasserqualität im Vergleich zu früher keineswegs völlig absurd klingt. Bis auf die damit verbundene Preisfrage vielleicht und die billige Tatsache, daß wir's vielleicht noch mal in größeren Mengen zum Trinken brauchen werden... Als Blumenwasser-Zusatz kann man bedenkenlos Zucker oder auch eine Prise schwarzen Tee ausprobieren; Kupfermünzen ins Blumenwasser zu legen, ist sicher ebenfalls kein Frevel. Die Empfehlung, mit Aspirin zu experimentieren, bereitet ökologisch Ausgerichteten schon eher Bauchschmerzen – Medikamentenmüll wandert schon genug ins Klo.

Ein Trick, der die Tulpenblüten wieder aufrichtet!

Von Gladiolen und Tulpen

Bei Gladiolen erweist es sich als günstig, zu schneiden, bevor sich alle Blüten geöffnet haben. Außerdem soll der Blütenstand länger Freude bereiten, wenn die unterste Blüte entfernt wird.
Tulpen haben oftmals die Angewohnheit, aus heiterem Himmel den Kopf hängen zu lassen.
Warum er sich wieder aufrichtet, wenn man eine Stecknadel in den Stiel sticht (und steckenläßt)? Fragen Sie doch mal Großvater – schon möglich, daß er es auch nicht weiß.

Schnittblumen anregend sticheln

Schnittblumen mit feinen Stielen, wie Alpenveilchen, Christrosen und Vergißmeinnicht, halten sich in der Vase sehr viel länger, wenn die Stiele perforiert

wurden. Man legt dazu die Blumen auf ein Holzbrettchen und sticht sie auf der Länge, die im Wasser steht, mit einer nicht ganz dünnen Nadel (Stopfnadel) alle halben Zentimeter ein. Die dadurch möglich werdende erhöhte Wasseraufnahme bewirkt die längere Haltbarkeit.

Nachwachsende Stützen für Blütenpracht nützen

Die Hochstimmung angesichts schwerblütiger Pflanzen in voller Pracht, wie Pfingstrosen etwa, kann schnell in eine Art zornige Weinerlichkeit umschlagen, wenn man sie nach einem windigen Tag erbärmlich zugerichtet, am Boden liegend vorfindet. Hohe oder mittelhohe Stauden benötigen oftmals eben stützende Unterstützung.
Den Aufwand einer extra Anschaffung dafür (z.B. Bambusstäbe) kann man sich häufig sparen, greift man viel einfacher auf bereits vorhandenes Gerät zurück: In Form verholzter Stiele, herbstliche Überbleibsel vieler Pflanzen, wie z.B. der von Sonnenkraut oder verschiedener Disteln, liegt es als ideales Stützgerüst schon vor. Für das darauffolgende Jahr drängt sich die natürliche Zweckentfremdung geradezu auf. Man erntet das Material ab und bewahrt es an einem trockenen Ort bis zum Einsatz auf.

Rhododendron: Den Nachwuchs befreien

Nach der Blüte bildet der schöne Strauch Samen aus. Die Fruchtansätze des Rhododendron sind aber dem Neuaustrieb im Wege. Bricht man die verwelkten Blütenstände aus, ist die Bahn frei für den Nachwuchs.

Sehnsüchtiges Warten auf die Hortensienblüte – mit Erfolg

Wollen die Hortensien wieder nicht blühen? Obwohl fleißig gepflegt und geschnitten? Keine Bange, vielleicht war

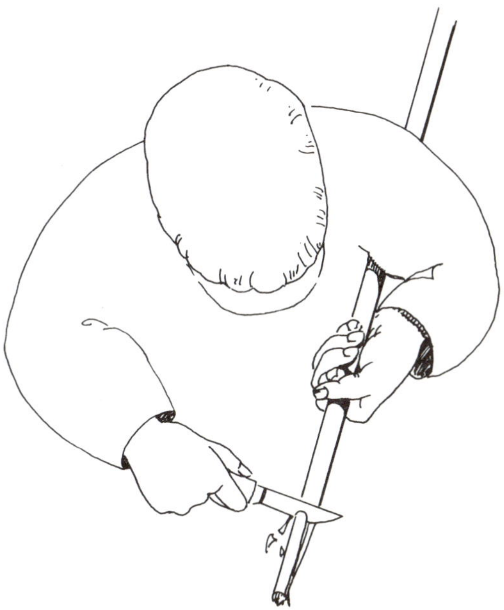

Beim Anspitzen der Stäbe das Messer immer vom Körper weg führen.

es einfach nur des Guten zuviel. Hortensien blühen am vorjährigen Holz, und wer weiß, was man damit gemacht hat? Wurde es nämlich gutmeinend im Frühjahr oder Herbst weggeschnitten, ist damit natürlich der Blütenansatz futsch. Schneiden sollte man die Hortensien lediglich zum Auslichten und bei echtem Bedarf, d. h., wenn sie einem zu üppig geraten. Die richtige Zeit für den richtigen Schnitt ist dann der Winter.

Alte Stauden verjüngt man durch Teilung, nur die äußeren Teile werden wieder eingepflanzt.

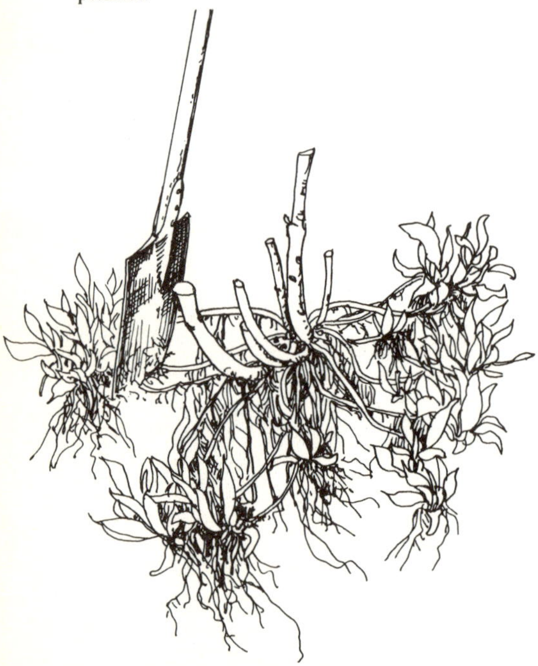

Verwandlungskünstler Hortensien

Wie schön waren doch die Zeiten, als man noch an echte Naturwunder glaubte! Was mag noch in urgroßelterlichen Köpfen vorgegangen sein, wenn etwa die rosa blühenden Hortensien (man weiß es doch ganz genau!), aus dem Blumentopf in den Garten gepflanzt, mit einem Mal ganz blau daherkommen. Die Erklärung ist irgendwie enttäuschend simpel: In eisenhaltigen Böden oder solchen, die mit Abraum von Kohlehalden vermischt sind, verwandeln sich die rosa Blüten in blaue. Warum? Wer Lust hat, sich mit einem Chemiker darüber zu unterhalten, soll es tun; am Ende wird auch diese Zunft nur mit den Achseln zucken können, weiß Gott! Uns bleibt, den Hortensien-Effekt gegebenenfalls zu Bodenanzeiger-Zwecken zu nutzen – und Spaß zu haben.

Alte Stauden aufgejüngt

Weil wir gerade bei Stauden sind: Etliche von ihnen setzen zu einer regelrechten Wanderschaft in alle Richtungen durch den Garten an. Sie breiten sich durch ihre Wurzelausläufer aus. Die immer älter werdende Mitte wird dabei zusehends kahl; kein Anblick also, der einen an die Staude lockt. Manchmal verbleibt schließlich noch so etwas wie grüne Ringe mit graubraun-struppiger Mitte von dem, was sich da auf einem Beet Staude nennt. Eine Verjüngung ist

so aufwendig nicht und kann aus dem vorhandenen Bestand erfolgen. Man gräbt das, was einmal zu Recht den Namen Staude trug, aus und verwendet dessen äußere Teile zur Neupflanzung. Der kahle Rest versieht seinen letzten Dienst auf dem Kompost.

❀ Besonders buschige Pflanzen erhält man, wenn man die Triebe immer wieder zurückschneidet. Aus den Blattachseln wachsen darauf neue Triebe. Man muß sich nur damit anfreunden, daß die Blüte dadurch hinausgezögert wird.

Fuchsie recht betreut, garantiert die wahre Freud'

Fuchsien waren zu Großmutters Zeiten überaus beliebt. Man traf sie nicht in erster Linie in den bäuerlichen Gärten an, vielmehr bei den Blumenliebhabern, die mit großer Hingabe und Muße ihr Hobby pflegten und viele Fuchsiensorten sammelten. Heutzutage kommt man auf die stolze Zahl von annähernd 2000 Sorten, die im Vergleich zu früher niedriger und buschiger sind und eher blühen. Eine liebevolle Hege und Pflege wird aber auch die Grundsätze von damals beachten; einige Tips folgen:

❀ Wachsen die Fuchsien ausschließlich in die Höhe und setzen keine Blüten an, könnte die Erde schuld daran sein, sofern sie zu stickstoffhaltig ist. Manchmal ist auch Lichtmangel der Grund. Hier sind Fuchsien jedoch wählerisch: Von der Morgensonne lassen sie sich gern begrüßen, mittags dagegen mögen sie nicht im prallen Schein verweilen.

❀ Fallen die Blüten frühzeitig ab, stehen die Fuchsien womöglich zu trokken. Vermehrtes Gießen und häufigeres Bespritzen ist angezeigt.

Die Krone aufgesetzt – Fuchsienbäumchen züchten

Ist die Fuchsienliebhaberei richtig in Schwung, kann man ihr die Krone aufsetzen und ein Kronenbäumchen ziehen. Anfänglich geht's darum, die vorgesehene Fuchsie zum Wachstum anzuregen. Hierzu wird sie in stickstoffreiche Erde gesetzt; Mist und Hornspäne sind geeignete natürliche Zusätze. Bis auf einen Trieb, der angebunden wird, entfernt man alles, inklusive nachwachsender Seitentriebe. Setzt der Haupttrieb Knospen an, muß entspitzt werden. Nun kommen aus den Blattachseln Seitentriebe, wovon lediglich der kräftigste belassen und angebunden wird. Er ersetzt den bisherigen Haupttrieb und wird später zum Stamm des Bäumchens.

Im zweiten oder dritten Jahr ist der Stamm dann lang genug; er wird oben entspitzt, die Seitentriebe werden ebenfalls nur eingekürzt. So verfährt man weiter, bis einem die Krone dicht genug erscheint. Ab diesem Zeitpunkt darf kein Stickstoffdünger mehr gegeben werden, sonst muß man auf Blüten verzichten. Mit Knochenmehlgaben erntet

Blumengarten

Zur Zeichnung: Fuchsienhochstämmchen sind auf Terrassen und Balkonen wieder sehr beliebt. Die eigene Aufzucht erfordert ein paar Jahre Geduld und Schnittarbeit.

man schließlich wahre Blütenpracht – und das wäre dann ja die ersehnte Krönung.

Zimmerpflanzen: Ein spannendes Terrain

Anfang des 19. Jahrhunderts kam die Mode auf, sich Pflanzen ins Haus zu holen. Mit besonderer Vorliebe stellte, wer sich's leisten konnte, exotische Pflanzen, die in unseren Breiten draußen keine Chance hätten, ins Zimmer. Offenbar verband sich damit auch ein gewisser Nervenkitzel insofern, als viel über die angebliche Gefährlichkeit dieser fremdartigen Zimmergenossen spekuliert wurde. Die Bedrohung wurde namentlich nachts ausgemacht: Gefährlich betäubende Exoten-Ausdünstungen forderten schreckliche Opfer; manch einer konnte gerade noch im letzten Augenblick durch weit aufgerissene Fensterflügel dem lähmenden Zugriff todbringender Duftschwaden hinterhältigen Grünzeugs entrissen werden.

Nun, man übertrieb eben gelegentlich leicht. Diesen hohen Unterhaltungswert haben die damals bevorzugten Gewächse heute zwar nicht mehr; weil sie aber in der Regel als recht pflegeleicht gelten, kommen sie heutigen Lebens-

gewohnheiten wiederum sehr entgegen. Urgroßmutter ergötzte sich beispielsweise an Blütenpflanzen wie

- der Drehfrucht (*Streptocarpus*-Hybriden) aus Südafrika mit ihren primelähnlichen Blättern und den auf langen Stielen sitzenden, meist violetten Blüten;
- der Gloxinie (*Sinningia spec.*) aus Brasilien, von der es vielfarbige Sorten gibt;
- dem Alpenveilchen (*Cyclamen persicum*) aus dem östlichen Mittelmeerraum, heute leider oftmals als Wegwerf-Blume mißbraucht;
- üppig blühenden Duftpelargonien (*Pelargonium crispum, P. fragrans* und *P. radens*) aus Südafrika, die auch in Balkonkästen gehalten werden können, sofern sie vor Dauerregen geschützt sind.

Es folgen einige Grünpflanzen, die die Blumenfenster unserer Urgroßeltern zierten:

- Die Wachsblume (*Hoya bella*) aus Indien und China, mit schmalen, festen Blättern, deren Blüten (wenn sie sich denn mal blicken lassen) wie künstliche aus Wachs oder Porzellan ausschauen.
- Die Grünlilie (*Chlorophytum comosum*) aus Südafrika; sie wächst so gut wie überall, bildet Ableger an langen Stielen und ist deshalb als Hängepflanze die richtige Wahl.
- Die Tradeskantie (*Tradescantia alliflora*), zu deutsch: Dreimasterblume, kommt aus den tropischen bzw. gemäßigten Zonen Amerikas. Sie läßt ihre mit schmalen Blättern ausgestatteten Triebe bis zu 1 m hinunterfallen und gilt als sehr anspruchslos.
- Eine Vielzahl an Anhängern fand offenbar auch der Harfenstrauch (*Plectranthus fructicosus*). Dieser kleine Halbstrauch bringt rosa Blüten hervor und wurde von den Urahnen wegen seines angeblich mottenvertreibenden Geruchs (»Mottenkönig«) gern in jedes Zimmer gestellt.

Wer die Rose wahrhaft innig liebt, ihr den richtigen Standort gibt

Rosen – irgendwie sind sie doch von ganz besonderer Natur, und deswegen ein paar Worte zu ihren und ihrer Liebhaber Gunsten. Herumgesprochen hat sich ja vielleicht bei dem einen oder andern, daß es die älteren Sorten sind, die als außergewöhnlich robust und winterhart gelten und vor allem in dem unübertrefflichen Ruf stehen, einen Duft zu kreieren, der seinesgleichen sucht. Ob wir hier das richtige Geschäft gemacht haben, auch ihn wie so vieles wegzurationalisieren, steht dahin; wir für unseren Geschmack hätten die paar weniger Stacheln und größere Blühfreudigkeit heutzutage favorisierter Sorten mit der Folge praktisch flächendeckenden Duftverlusts nicht eingetauscht.

Der richtige Standort ist natürlich auch für Rosen bedeutsam. Warm und sonnig, eventuell leicht beschattet sollte

der Platz sein, jedoch möglichst nicht direkt vor Mauern, dort ist es oft zu heiß und trocken. Stauende Nässe oder lange Berieselung von oben, wie im Traufenbereich von Bäumen oder Sträuchern, sagt den Rosen nicht zu. Normale Erde reicht aus, sandiger Boden sollte mit Kompost und Ton schwerer gemacht, zu schwerer Boden umgekehrt mit Sand aufgelockert werden. Diese Grundvoraussetzungen eingehalten, gedeihen Rosen relativ problemlos.

Winterabdeckung: Weg mit ihr zur rechten Zeit

Fingerspitzengefühl muß ein richtiger Gartenfreund mitbringen oder entwikkeln, überhaupt für so manches den »richtigen Riecher« besitzen. Vieles ist schließlich auch Erfahrungswissen, gewonnen über viele, viele Jahre aufmerksamer Beobachtung des ganzen Gartengeschehens. Eng damit verbunden natürlich das Wetter mit dessen jahreszeitlich typischen Verläufen und Ausprägungen.

Bei der Entscheidung, wann die Winterabdeckung vom Staudenbeet kann, greifen wir in der Tat auf die langjährigen Erfahrungen unsrer Vorfahren zurück. Dabei erwies es sich stets als sinnvoll, die Beete frühestens im März freizumachen, mit Ausnahme der Stellen, wo Schneeglöckchen und Krokusse stehen; dort kann es (je nach Witterung) bereits im Februar soweit sein.

Man muß wissen, daß die Pflanzen, die oft schon die ersten Triebe aus der Erde stecken, noch empfindlich reagieren. Insbesondere hüte man sich davor, wenn der Zeitpunkt der Entfernung der Abdeckung gekommen ist, dies unter der lachenden Mittagssonne zu tun; desgleichen lasse man diese Arbeit bleiben, sofern ein scharfer, austrocknender Wind bläst. Und wer an trüben Tagen nichts Rechtes anzufangen weiß, wähle genau diese zur Abdeck-Aktion – es ist der ideale Zeitpunkt.

Freude verlängern – Blüte strecken

Mit ein wenig Geschick kann man bei entsprechendem Arrangement die Gesamtblütezeit (auf einem Staudenbeet z. B. oder verteilt auf den ganzen Garten) verlängern. Dazu muß man im Mai die Spitzen von Phlox, Rittersporn, Astern, Chrysanthemen u. a. um ca. 10 cm kürzen. Aus den Blattachseln wachsen sodann neue Triebe, die ungefähr zwei bis drei Wochen später blühen, als es der Haupttrieb getan hätte.

Kokardenblume – kleiner Eingriff, schöne Folgen

Die Kokardenblume (*Gaillardia*) gilt heutzutage als Liebhaberpflanze: Vielleicht trägt ihr Ruf als nicht sonderlich langlebiges Geschöpf zu dieser Tatsache bei. Mit ein paar unaufwendigen Eingriffen läßt sich ihre Lebensdauer je-

doch erheblich verlängern. Ende September werden die Pflanzen tief am Boden abgeschnitten, ja selbst dann, wenn sie noch blühen sollten; alles hat eben seinen Preis. Diese Maßnahme veranlaßt nun die Blume, neue Blattrosetten auszubilden, die ihr bei der Überwinterung hilfreich zur Seite stehen und zugleich den Grundstock für das Fortleben im folgenden Jahr abgeben.

Großmutters Staudenbeet – ein kleiner Überblick

Wir wollen einen Blick über den Zaun in Großmutters Blumengarten werfen und können beispielsweise sehen, daß sie entlang der Wege die Blumenrabatten angelegt hat. Vorzugsweise Stauden sind gepflanzt worden, denn diese kommen jedes Jahr wieder, man stand eben noch nicht so auf ex und hopp.

Ganz wie es einer Anleitung aus dem Jahre 1926 zufolge sein sollte, mißt das Staudenbeet hier mindestens 2,5 m in der Breite. Im Vordergrund finden wir Frühjahrsblüher und Polsterstauden, nach hinten hin sind immer höher wachsende Pflanzen anzutreffen, den Abschluß bilden große, eher spät blühende Arten. Von den letzteren seien nachfolgend einige der damals beliebtesten genannt:

- Eisenhut (*Aconitum*), leuchtend blau blühend; zu beachten ist seine starke Giftigkeit. (Man sollte sich daher gut überlegen, ob man Eisenhut im Garten anpflanzt!)
- Eibisch (*Althaea*), liebt salzhaltigen Boden.
- Steppenkerze (*Eremurus*), beeindruckt vor allem durch ihre prächtigen Blütenstände.
- Rhabarber (*Rheum*), heute als Blütenstaude in Vergessenheit geraten.
- Goldrute (*Solidago*), früher eine bis zu 2 m, heute maximal 80 cm hohe Staude.
- Königskerze (*Verbascum*), schlanke, meist gelbblühende Pflanze mit silbrig-pelziger Blattrosette.

Viele alte Stauden sind mittlerweile gänzlich in Vergessenheit geraten, manche nicht einmal mehr in Pflanzenlexika aufzufinden. Wer suchet, der findet – nach diesem Motto sollte man die Gartenlandschaften in Augenschein nehmen und keine Scheu vor Fragen an unbekannte Besitzer kostbarer Naturschätze haben. Womöglich trifft man dann noch solche Arten an wie

- den etwa 2 m hohen, im Juni blühenden Meerkohl (*Crambe*);
- ein Mohngewächs aus Mittelamerika namens *Bocconia*;
- den Schuppenkopf (*Cephalaria*), er stammt aus dem Mittelmeerraum, einige Arten außerdem aus den Alpen und dem Kaukasus;
- die Kompaß- oder Becherpflanze (*Silphium*), aus Nordamerika stammend.

Wer gesucht und nicht gefunden hat, wende sich guten Mutes an Großmutter. Ein Spaziergang unter obigem Motto vermag vielleicht auch bei ihr (Wieder-)Entdeckerfreuden auszulösen.

Die Früchte unserer Regsamkeit: Über das richtige Ernten und Aufbewahren

Hat man trockne Bohnenware, hat man Vorrat gut für Jahre

Wer über keine Kühltruhe verfügt, sich vielleicht ohnedies kaltblütig und voller Verachtung für die kriecherische Energiesklaverei aus dem internationalen Stromverbund ausgeklinkt hat, mithin herrlich hilflos vor Unmengen von Problemen steht und dennoch frohgemut jahrelang vorausdenkt, dürfte die Bohnenhaltbarmachungsmethode, die jetzt gleich nach den notwendigen konservierungspsychologischen Einführungen folgen wird, als knallharten Beweis überlegener Großvater-Technik enthusiastisch begrüßen und sofort in die Tat umsetzen. Los geht's auch gleich mit folgendem Tip:

Vor dem Trocknen werden die Bohnen für kurze Zeit in einem Durchschlag in kochendes Wasser gehalten. Das noch warme Gemüse kommt anschließend in den Backofen bzw. in ein Dörrgerät (ohne oder doch lieber mit Elektrokraft – wie's beliebt), wobei darauf zu achten ist, daß sich die einzelnen Bohnen nicht berühren sollen.

Das Trocknen von Bohnen an der Luft kann man getrost vergessen, ein irgendwie rauher Geschmack und die Tendenz zur Zähigkeit sprechen eindeutig dagegen.

Hat man die Bohnen erst einmal getrocknet, halten sie sich tatsächlich Jahre, drei bis vier bestimmt, entsprechende Lagerung vorausgesetzt (sauber, trocken, eher kühl). Ist ihr Verzehr angesagt, weiche man die Bohnen gar nicht erst ein; sie können ohne Umweg in den Kochtopf.

Kartoffeln trocknen – warum denn nicht?

Sogar Kartoffeln lassen sich durchs Trocknen ein Weilchen verewigen. Wer viele geerntet hat, kann sich für die Zeit, in der die alten Erdäpfel schon keimen und die neuen noch nicht in Sicht sind, einen Teil mit diesem Verfahren aufbewahren.

Dazu werden die Knollen mit Schale gekocht und, sobald sie kalt sind, geschält, in Scheiben geschnitten (ca. 0,5 cm dick) und in einer der üblichen Vorrichtungen getrocknet. Von einer normalen Verwendung wie bei anderem Trockengemüse kann ausgegangen werden. Gespannt sein darf, wer's ausprobiert. Nur Mut!

Ernten und Aufbewahren

Obst erst mal trocken, Geschmack muß nicht stocken!

Bleiben wir noch ein bißchen beim Thema Trocknen und sprechen über Äpfel, Birnen und Zwetschen.
Die Scheiben oder Schnitzel der Apfelfrucht müssen, damit sie gleichmäßig und vollständig trocknen, öfter gewendet werden. Benutzt man einen Trokkenschrank mit Horden (Sieb als Auflagefläche), sollte auch deren Stellung gewechselt werden, also untere weiter nach oben etc. gelangen. Äpfel sollten am besten richtig durchgetrocknet sein (allerdings nicht schwarz werden), dabei jedoch noch weich und fleischig bleiben; mit einzuplanen ist, daß sie während der Lagerung noch Feuchtigkeit ziehen.
Birnen werden viertelweise getrocknet und ebenfalls gelegentlich gewendet. Anders als Äpfel indes, sollen sie nicht völlig austrocknen, ja gewissermaßen noch zäh sein, das Aroma bleibt so besser erhalten.
Beim Trocknen von Zwetschen ist darauf zu achten, daß keine unreifen oder wurmstichigen darunter sind. Es empfiehlt sich, mit der Ernte der fürs Trocknen vorgesehenen Früchte so lange zu warten, bis die Zwetschen am Stiel runzlig werden; alle wurmstichigen haben sich bis dahin nämlich bereits Richtung Boden verabschiedet. Wenn es der Baumumfang noch zuläßt, schüttelt man ordentlich und nimmt die hängengebliebenen zum Trocknen.
Die Hitze im Dörrofen darf anfänglich nicht zu hoch sein, sonst läuft der Saft und mit ihm viel Geschmack aus. Auch Zwetschen sollen während ihrer »Trokkenzeit« öfter gewendet und außerdem durcheinandergemengt werden. Im Ofen läßt man sie dann bloß noch erkalten, dann nimmt man sie heraus, und sie bestechen durch ein schönes, glänzendes Äußeres.

Apfel-Aroma: Gutes Lager, Geschmack nicht mager

Lageräpfeln soll man nach Möglichkeit nicht ihren letzten Herkunftsort anschmecken. Dem Aroma und zugleich der Haltbarkeit tut es gut, wenn man die Früchte nicht im Keller oder in ebenerdigen Obstkammern, sondern in höher gelegenen Vorratskammern unterbringt.
Geschmacklich soll es sich überdies auszahlen, wenn man Äpfel zusammen mit Hopfen oder Holunderblüten (getrocknet) in eine geschlossene Schachtel zur Aufbewahrung legt.

Obst kann in Gläser rein, lagerst Du's ein

Ein weiteres, durchaus reizvolles Verfahren der Obst-Lagerung wird so vorgenommen:
Man nimmt große Gläser mit entsprechend dimensionierten Öffnungen, wäscht sie gründlich und stellt sie

Ernten und Aufbewahren

warm, damit wirklich alle Feuchtigkeit verschwindet und die Luft in ihnen »dünner« wird. In diese Gläser legt man nun (vorsichtig) die besonders guten Früchte, d.h. möglichst makellose, weder zu grüne, noch ganz reife, die bereits einige Tage zum Ausdünsten gelegen haben. Werden dann die Gläser luftdicht verschlossen und kühl gelagert, bleibt der Inhalt lange frisch und knackig.

Prünellen fein, muß kein Geheimnis sein

Bei Dörrobst-Freunden genießen Prünellen hohes Ansehen; man gewinnt sie aus großen Zwetschen. Man läßt die Früchte so lange am Baum hängen, bis sie schrumpelig und welk sind. Die erste Bearbeitung nach der Ernte besteht darin, ihnen vom Stielende angefangen, die Haut abzuziehen. Entweder kann man nun gleich den Stein ohne große Drückerei herausholen, ansonsten läßt man die Früchte im Dörrofen zunächst etwas anwelken und entkernt sie dann. Um die werdenden Prünellen zu delikater Höchstform einschrumpeln zu lassen, legt man auch sie auf Horde. Der Dörrvorgang beginnt sachte, mit geringer Hitze, bis die Früchte einen »neuen Überzug« ausgebildet haben, dann kann der Regler auf die eigentliche Dörrtemperatur (40–50 °C) hochgedreht werden. Sind die Früchte trocken, läßt man sie noch einige Tage außerhalb der Dörreinrichtung ausdünsten, worauf sie, eng in Gläser oder Dosen gepackt, ins Lager kommen.

Aprikosen: Laßt sie nicht zu lang am Baum, sie reifen auch im Raum

Man mag es kaum glauben, aber das Leben ist nun einmal unlogisch, und deswegen sind ja auch die Aprikosen schmackhafter, wenn sie nicht am Baum, sondern in einem kühlen Raum reifen.

Die Konservierung von Obst mal ohne Einkochen: Luftdicht verpackt hält es lange frisch!

Johannisbeersträucher zeitig mit Stroh verpackt, lassen einen die leckeren Früchte bis in den Winter hinein ernten.

Das nette Ergebnis können wir bewundern, sofern wir uns an die Spielregel halten, die Aprikosen dann zu pflücken, wenn sie sich auch duftmäßig als solche zu erkennen geben und anfangen, am Stiel weich zu werden.

Johannisbeere: Kommt der Busch in Stroh – bleiben Naschkatzen länger froh

Ein Tip für leidenschaftliche Johannisbeer-Nascher: Die seligen Stunden mit der roten Beere lassen sich vermehren, die Ernte also strecken, wenn man einige Büsche in Stroh einpackt.
Der richtige Zeitpunkt zum Packen ist gekommen, wenn die Beeren unlängst rot geworden sind. Und ausgepackt wird erst, wenn's einen nach dem Obst verlangt. Daß man besonders lieb und fürsorglich zu sich und andern ist, wenn man Stroh von Feldern benutzt, die die Chemieindustrie links und rechts liegen lassen, versteht sich mittlerweile von selbst.

Der Extra-Tip: Weisheiten aus dem Gartenalltag unserer Vorfahren

Bevor wir hier gleich in Einzelheiten diverser groß- und sogar urgroßelterlicher Gartenkenntnisse der Extra-Art einsteigen, wollen wir den Wert des vertraulichen Zusammenwirkens zwischen einer ausgesuchten Gärtnerei und Ihnen, werte Gartenliebhabergemeinde, mit folgenden, aus anmutiger Vorzeit überlieferten Worten unterstrichen haben:
»Man versorge sich in Gärtnereien, wo die Kunden nicht bloß in rasch höflichen Formen bedient werden, sondern wo die selbst nur dilettantenmäßige Beschäftigung mit Pflanzen auf freundliche Teilnahme und Unterstützung zu rechnen hat. Hier wird dann die beste Auskunft hinsichtlich der zu treffenden Auswahl, die nötige Anweisung wegen der jeder Art angemessenen Behandlung, ingleichen bei fortgesetzter Verbindung guter Rat und tätige Hilfe zu erlangen sein.« Wohl wahr.

Unerläßliches Equipment – das Gartengerät

Gutes Gartengerät wirft man uns nicht gerade hinterher – es ist ungefähr so kostspielig wie zugleich notwendig. Über berauschende Qualität allenthalben wird zwar auf sämtlichen Kanälen gezwitschert, aber Gärtner sei wachsam! Viel Lärm um Nichts und Plastikzeugs ist auch hier die Regel, und für die Ausnahme ziehen wir den kundigen Großvater zu Rate.
Eine gute Investition für den eigenen gärtnerischen Erfolg und den zukünftigen der Enkel stellen Gerätschaften dar, die geeignet sind, Jahrzehnte zu überdauern. Gepflegt müssen sie werden, keine Frage, schon um die einwandfreie, möglichst leichtgängige Funktionsfähigkeit zu bewahren. Nicht nur die Metallteile müssen gesäubert und (über den Winter) eingefettet werden (Speckschwarte ist gut geeignet), mindestens so wichtig ist die Pflege von Holzteilen. Einmal jährlich mit warmem Leinöl eingerieben, bleiben sie einem sicher lange Jahre erhalten.

Kratzschuh fürs teure Werkzeug: Geräte abgekratzt und weggestellt

Gute Vorsätze sind billig – und die Gartengeräte stets sauber zu halten, nachdem man schon Stunden geackert hat, kostet zumindest Zeit. Konsequent zu sein fällt einem vielleicht mit Hilfe eines Kratzschuhs leichter.
Er besteht aus einem keilförmig zuge-

schnittenem Stück Hartholz und hängt am besten an einer Stelle vor den Abstellplätzen, an der man vorbei muß (siehe Zeichnung). Hartholz ist besser geeignet als Metall, weil es zwar stabil genug ist, aber nicht so beschaffen, daß es auch schnell mal zu Beschädigungen an den Gerätschaften kommen kann.

Apfelscheiben: Schön trocknen, schön selbermachen und auch noch schön sein

Wer kennt es nicht: In den tollen Apfel gebissen, kurz liegengelassen, und schon sieht's irgendwie »bäh« aus. Entschließt man sich, Apfelscheiben oder -ringe selber zu trocknen, will der rechte Appetit nicht aufkommen: Braun runzeln die Stücke unangetastet herum, dabei ist trotz dumpfen Farbenspiels kaum mit Geschmackseinbußen zu rechnen.
Nun, das Auge ißt eben mit, und Großmutter hatte da doch so einen Trick. Richtig, einfach die frisch geschnittenen Apfelstückchen in Salzwasser gelegt, und sie sehen auch getrocknet noch lecker aus. Hinterher mit klarem Wasser abgespült, besteht auch keine Verwechslungsgefahr mit Salzgebäck.

Mit dem Kratzschuh aus Holz bekommt man jedes Werkzeug sauber und hat dadurch lange Freude an seinen Geräten.

Flaschenbirne – reinzaubern kann sie jeder!

Wie wäre es mit einer Flasche Birnenwasser, in dem eine echte Birne schwimmt? Nur, wie kommt die Birne in die Flasche?
Ziemlich einfach: Am Birnbaum wird nach der Blüte an einem sonnig gelegenen Zweig ein schöner Fruchtansatz herausgesucht und in die Flasche gesteckt bzw. die Flasche über den Fruchtansatz gestülpt. Besonders schön fürs Auge sind gelbe Sorten. Die Flasche muß so am Baum befestigt

Links:
Die Birne im Glas, hier wird das Rätsel gelöst!

Rechts:
Der Riesenkürbis – im Beet wie eingemacht im wahrsten Sinne des Wortes riesig.

werden, daß bei zunehmendem Gewicht nicht alles abbricht (evtl. an einem anderen Ast). Nach der Ernte wird die Flasche mit der Birne darin gut ausgespült und mit Birnenwasser aufgefüllt.

Zwei Kürbisrezepte: Wie's Großmutter noch machte

Wenn man jenes Handwerk wirklich versteht, werden Beköstigte voll des Lobes sein: Süßsauer eingemachter Kürbis ist eine Delikatesse nicht geringer Kategorie. Das nachfolgend beschriebene Rezept hat mittlerweile reichlich 150 Jahre auf dem Buckel, ohne schwerwiegende Modernisierungsmaßnahmen erlitten zu haben; meine Großmutter hielt sich zu unserer Zufriedenheit jedenfals immer daran.
Nur den Bieressig, den Ur-Ur-Großmutter noch zusammenzaubern konnte, sucht man bestimmt vergeblich in den langen Regalen selbst allervorzüglichst sortierter Delikateßgeschäfte. Wer weiß, wie Weinessig zubereitet wird, kann es ja selber mal mit Bier versuchen.
Großmutters Weinessig tat's aber auch, und so lautet das erste köstliche Rezept für Kürbis:

- Den Kürbis in längliche Streifen schneiden und alles Faserige mit dem Löffel ausschaben. Anschließend schälen. Die Stücke für 48 Stunden in (guten) Bieressig – wer hat, sonst Weinessig – legen, anschließend in einem Durchschlag (Sieb) abtropfen lassen. Den gleichen Gewichtsanteil Zucker wie den vom Kürbis (in wenig Wasser gelöst) kochen, abschäumen und nach Belieben Zimtstangen und Nelken hin-

zufügen, auch Ingwer trägt zur Gaumenfreude bei.
Kürbisstücke dazutun und gar kochen (ca. 5–10 Min.). Sie sollen glasig und weich, nur nicht zu weich sein. Den garen Kürbis in Einmachgläser füllen und den dickgekochten Zukker darübergießen. Gut verschlossen, hält er sich tatsächlich jahrelang, gewinnt mit der Zeit sogar noch an Aroma.

❀ Das zweite Rezept ist gewissermaßen die Fortsetzungsgeschichte des ersten mit dem Ziel, die Kürbisstücke zu trocknen und wie Zitronat verwenden zu können.
Beim Kochen wird bei dieser Variante viel Zitronenschale dazugegeben. Danach wird das Ganze einige Tage stehengelassen, damit das Zitronenaroma in den Kürbis einziehen kann. Nach dem Herausnehmen abtropfen lassen. Dann legt man die Stücke auf einen Teller und bestreut sie mit Zukker. Wenn der Kürbis dann ganz langsam im Backofen (oder einem Trokkenschrank) getrocknet wird, erhält man den feinen Zitronatersatz.

Oben links: Frisch geernteter Spargel, so erkennt man auch im Laden seine Frische (siehe rechte Seite).
Oben rechts: Mangold – ein traditionsreiches Gemüse mit hoffnungsvoller Zukunft (siehe Seite 12).
Unten: Erbsenanbau nach Großvaters Art spart Platz im Gemüsegarten (siehe Seite 14).

Spargelgenuß ohne Abstriche: In der Frische liegt das Geheimnis

Katzen kauft man nicht im Sack, dem Gaul schaut man vorsichtshalber ins Maul, aber wie beim Spargelkauf verfahren? Frisch gestochen mundet's am besten, klar, weiß jeder; es ist halt wie mit vielen anderen Leckerbissen: Direkt aus der Natur in den Bauch. Wie aber definitiv feststellen, ob alles stimmt, was da lauthals angepriesen wird, zumal, wenn man nicht direkt beim Erzeuger vorstellig werden kann?
Man achte in erster Linie auf die Schnittstellen; sind diese bräunlich verfärbt, handelt es sich vermutlich um älteres Gemüse der Güteklasse »Kontrolle ist gut, blindes Vertrauen ist besser«. Ein weiteres Merkmal unumstößlich frischen Spargels ist mittels Klangprobe gnadenlos feststellbar: Entspricht seine Qualität wie gefordert betörenden Ausmaßen, gibt es einen hellen Klang beim Durchbrechen der Stange. Wie Sie allerdings diese Probe aufs Exempel veranstalten, ohne in größere Turbulenzen etwa mit der Supermarktleitung zu geraten, wollen wir als freiheitlich gesinnte Menschen der Tiefe Ihrer unendlichen Phantasie überlassen.
Zählt man schließlich und endlich zu den glücklichen Frisch-Spargel-Ergatterern, muß man es nun nicht zu einem unanständigen Aufeß-Streß kommen lassen (oder man hat so viel Spargel ergattert, daß man ihn unmöglich am selben Tag aufessen kann): Gut eingewik-

kelt in ein angefeuchtetes Tuch und kühl gelagert, kann man sich mit dem Objekt seiner Begierde einige Tage lang rumvergnügen bzw. die erlösende Schlemmerei noch ein wenig hinausschieben.

Tomaten in der Näh' – Mücken ade

Gehören Sie zu den Mücken-Geplagten? Und mögen Sie Tomaten?
Wenn bisher nicht, gibt es jetzt eine neue Chance für eine gedeihliche Partnerschaft zwischen Pflanze und Mensch. Gute Beobachter haben einst herausgefunden, daß die stechenden Plagegeister den Geruch von Tomatenpflanzen abartig finden. Können wir diese Einstellung nicht teilen, holen wir uns doch den sympathischen Mückenschutz auf Balkon, Terrasse und sonstwohin noch, jedenfalls dorthin, wo man vor allem sommers gerne ungepiesakt Mußestunden verbringt.

Nochmals Zimmerpflanzen: Die rechten Plätze für unsere grünen Schätze

Riesengroßes Expertentum ist gar nicht erforderlich, um den unterschiedlichen Ansprüchen verschiedener Zimmerpflanzen gerecht werden zu können. Das mal vorweg zum Mutmachen. Mit der Wahl des individuell pflanzengerechten Standorts ist schon eine Menge gewonnen, deswegen nun einige Regeln, in die jahrelange Erfahrung eingeflossen ist.
Meist lassen sich die Standortvorlieben der einzelnen Gewächsarten an den Blättern erkennen. Folgende Merkmale geben Auskunft:

❀ Kleine, ledrige, eher harte Blätter lassen auf große Lichtansprüche schließen. Helle Ost- oder Westfenster sind das Richtige, z.B. für Wachsblume und Myrte.
❀ Wahre Sonnenanbeter haben wir in Kakteen und Sukkulenten. Ihre glatten, fleischigen Blätter sind auf Wasserspeicherung ausgelegt; in ihren Herkunftsländern müssen sie lange Trockenzeiten überstehen können. Diese sollten sie im Anschluß an die Vegetationsphase auch in unseren Gefilden durchleben. Wir gießen sie deswegen im Winter äußerst sparsam. Manch einer stellt seine Kakteen winters über in den Keller, sie sollen dann im Frühjahr eher zum Blühen bereit sein.
❀ Pflanzen mit weichem, großem, vergleichsweise dunklem Blattwerk wie Efeu, Gloxinien und Schefflera lieben halbschattige Plätze.
❀ Hohe Luftfeuchtigkeit benötigen Pflanzen mit zarten, dünnen Blättern. Dazu gehören einige Farne und das Frauenhaargras. Man sorgt dafür, daß entweder der Pflanzenbehälter in eine mit Wasser gefüllte flache Schale gestellt wird (Verdunstung), oder man greift öfter zur »Blumenspritze«.

Generell läßt sich sagen, daß bei aller Unterschiedlichkeit der jeweiligen Lichtansprüche die wenigsten Pflanzen eine direkte Bestrahlung durch die hochstehende Sonne mögen.

Höhepunkte der Blumistik: z. B. die Baumannsche Pflanzenvermehrung

Es sind nicht nur so einleuchtend rationale Gründe wie die das liebe Geld betreffenden, welche die selbständige Pflanzenvermehrung interessant erscheinen lassen. Das Gefühl, an der Neuschöpfung direkt teilzuhaben, läßt es sicher manche in den Händen kribbeln. Zu Zeiten, als man die intensive Privatbeschäftigung mit Pflanzen aller Art (außer der mit im engeren Sinne Nutzpflanzen) noch so schön griffig mit »Blumistik« betitelte, war mit der Pflanzenvermehrung aus eigener Produk-

Die Ableger direkt an der Pflanze in kleine Töpfe gesteckt – Urgroßvaters Art der Vermehrung von holzigen Topfpflanzen.

tion sicher ein besonderer Höhepunkt der Liebhaberei gesetzt.
Eine spezielle Technik der Pflanzenvermehrung für Topf- und Kübelpflanzen, die nicht so gut durch Stecklinge oder Absenker vermehrt werden können, im folgenden zwecks Nachahmung näher beschrieben, ist mit den »Baumannschen Gerüstablegern« vor langer Zeit entwickelt worden. Das Verfahren ist dem Abmoosen ähnlich, mit dem Unterschied, daß die Ableger gleich in einem Topf stehen.
Man beginnt damit, daß man um die Pflanze ein Gerüst aus Bambusstäben errichtet, das nicht wackeln darf. Je nach Größe des Topfes kann das Gerüst in den Topf selbst oder in einen größeren, ebenfalls mit Erde gefüllten Übertopf gesteckt werden. Durch Querverstrebungen oben erhält das Gerüst Stabilität. Weitere Querverstrebungen dienen der Befestigung der kleinen Vermehrungstöpfe.
Den zur Vermehrung ausgewählten Zweigen schneidet man, etwa 15 cm von der Spitze entfernt, von unten nach oben eine 5 cm lange und bis zur Mitte reichende Zunge, die auf 2 cm eingekürzt wird (siehe Zeichnung).
Der bis auf die oberen Blätter entblätterte Zweig soll nun mit abgespreizter Zunge in seinen Topf kommen, dazu wird dieser seitlich aufgeschnitten und in entsprechender Lage am Gerüst befestigt. Zuerst schiebt man den Zweig in den Topf, polstert dort mit Moos, wo er gedrückt werden könnte, verstopft auch den Einschnitt mit Moos und rückt den Zweig in eine Lage, in der die Zunge gut abgespreizt ist. Anschließend wird der Topf mit Erde gefüllt, der Zweig eventuell mit einem Stäbchen gestützt und in der folgenden Zeit gut feucht gehalten.
Je nach Wetterlage stellt man das Ganze draußen oder im Haus auf. Nach etwa sechs Wochen sind neue Wurzeln gewachsen, daran zu erkennen, daß der Zweig neu austreibt. Die Ableger werden von der Mutterpflanze getrennt und alsbald mit Wurzelballen umgetopft – und fertig ist ein neuer grüner Erdbewohner.

Buchsbaum – nicht ganz harmlos, aber etwas gefährlich

Buchsbaum scheint wieder in Mode gekommen zu sein, und weil er nicht ganz so harmlos ist, wie er uns auf den sympathieheischenden ersten Blick erscheint, soll an seine vielleicht (schon lange) in Vergessenheit geratene Gefährlichkeit bei allzu lockerem Umgang mit ihm erinnert werden. Wohin man ihn sich pflanzt, sollte also nicht ausschließlich unter dem Aspekt »schön fürs Auge« entschieden werden.
Von Kühen weiß man, daß sie keinen Bogen um den Strauch machen (im Gegensatz zu anderen Giftpflanzen) und sich arglos an ihm gütlich tun – mit durchaus elenden bis tödlichen Folgen. Diejenigen Gartenfreunde, die aus welchen Gründen letztlich auch immer zu

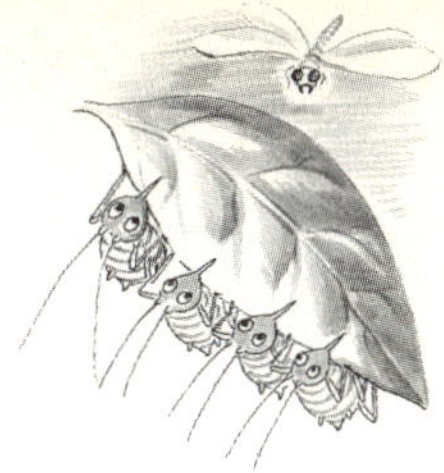

den mehr kuhlosen Buchsbaum-Kandidaten zählen, sollten sich trotzdem nicht völlig in Sicherheit wiegen und lieber Gedanken anstellen über die Kombination der unter ihrer Obhut hoffentlich gesund und munter herumtollenden Tiere mit dem fraglos leicht tückischen Gesträuch.
Als keineswegs drollig sind in diesem Zusammenhang ferner Überlegungen leichthin wegzuwischen, die sich auf den Verbleib anfallenden Schnittguts beziehen – der Kompost jedenfalls würd's überleben.

Blattläuse an Topfpflanzen: Einfach ablegen

»Warum kompliziert oder gar garstig giftig, wenn's schlicht und einfach geht?« mag man sich angesichts blattlausgeplagter Topfpflanzen denken und in hochbetagten Gartenbüchern nach den Problemlösungsansätzen der lieben Alten stöbern.
Und siehe, da empfahl man sich, die besagten Töpfe einige Nächte nacheinander auf die Seite ins Gras zu legen. Tagsüber, so der Rat, kommen die Töpfe an ihre angestammten Plätze. Zugegeben, das Verfahren ist bei vielen Töpfen vielleicht doch nicht so ganz leicht zu bewerkstelligen und bei den heute üblichen Balkonkästen unter Umständen etwas mühselig.
Aber wenn man nicht gerade mutterseelenallein mit Unmengen an Riesengefäßen Dutzende Treppen auf und ab stolpern und auf wildfremden Rasenflächen nach heimlichen Abliegeplätzen fahnden muß, könnte sich diese Strategie sehr wohl als Alternative zu anderen Blattlaus-Jagdtechniken erweisen.

Ein Blick in Großvaters Garten

Pflanzenschutz: So manches ist gut, doch seid auf der Hut!

Bei aller Freude am Gärtnern wollen wir nicht verhehlen: Großvater und Großmutter hatten nicht nur eitel Sonnenschein in ihrem Garten, vor allem im Blick auf die unzähligen Krankheiten und das viele störende Getier, Schädlinge genannt. Etliche Maßnahmen wurden mit mehr oder weniger großem Erfolg ergriffen, oft standen die Großeltern jedoch ziemlich ratlos vor irgendeinem Phänomen.
Rätselhaft blieb ihnen beispielsweise

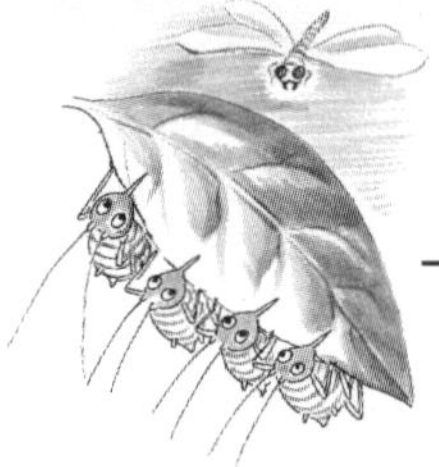

der Umstand, daß der Kohlgallenrüßler nicht am Grünkohl auftritt; sie schlossen daraus (man rümpfe nur nicht das hochmoderne Näschen!), dem Insekt munde diese Kohlsorte eben nicht so ungeheuer. Wir Schlaumeier von heute wissen inzwischen, daß sich der Kohlgallenrüßler deswegen nicht auch am Grünkohl vergnüglich zu schaffen macht, weil dies Gemüse zu einem Zeitpunkt gesät und gepflanzt wird, zu dem der Käfer nicht mehr zu den Aktiven zählt. Die Lebenszyklen der Schadinsekten waren unseren Großeltern also nicht so geläufig.

Vieles von dem, was unsere Vorfahren noch bedenkenlos im Garten veranstalteten, ist aus heutiger Sicht nicht mehr vertretbar bis glatt verboten. Das Vertreiben von Ratten und Mäusen mit Hilfe ausgebrachten Terpentins oder das Vernichten von am Baumstamm hochkriechenden Frostspannern mit in Quecksilber getränkten und um den Stamm gewickelten Bändern läßt uns allenfalls die Haare zu Berge stehen. Solche als gute Ratschläge getarnten Monströsitäten aus dem Gruselkabinett vorökologischer Unschuldszeiten müssen energisch zurückgewiesen werden. Gleichfalls ist die Anwendung von starken Pflanzengiften, wie z.B. Tabakauszügen, kein Thema mehr.

Trotz mancher Rückschläge und unerklärlicher Mißstände ließen sich die Großeltern keineswegs den Gartenspaß austreiben; eine Menge Phantasie und Experimentierlust wurde sehr wohl erfolgreich eingesetzt und erforderte zudem oftmals lediglich verblüffend einfache Maßnahmen.

Zum Beispiel das Abschütteln der Pflaumensägewespen an trüben Tagen.

Irgendwer muß irgendwie einst herausgefunden haben, daß dies Getier an solchen Tagen ausgesprochen faul und träge ist, sich in dieser Stimmung solcherart auf ausgelegte Tücher herunterbefördern läßt (s.a. Großvater-Band II).

Die Bereitschaft, genau hinzusehen, die Verwandlungen des Gartenbildes im Jahreslauf aufmerksam zu beobachten und aus eigenen Vorstellungen heraus zu probieren, was uns sinnvoll erscheint, auch wenn's in keinem noch so dicken Buch steht, gehört zu den nachahmenswerten Tugenden groß- und urgroßelterlicher Garten-Pioniere.

Obst: Sortenvielfalt übers Jahr, so wurd' es nicht rar

Den Großeltern lag der Anbau von Obst genauso am Herzen wie der von Gemüse; Selbstversorgung mit beidem wurde in der Regel angestrebt.

Die Auswahl der Obstsorten war nun nicht ausschließlich eine Frage des Geschmacks, sondern auch die einer möglichst breiten zeitlichen Verteilung. So wurde etwa unterschieden zwischen Sommer-, Herbst- und Winteräpfeln. Erstere werden ab August reif und lassen sich nur kurze Zeit lagern (3–4 Wochen); Herbstäpfel folgen im September/Oktober und halten dann allenfalls

bis Weihnachten. Die Wintersorten sind die für längere Zeit lagerfähigen. Ihre Ernte fällt in den Oktober und November, und bei guter Lagerung langt die schmackhafte und gesunde Versorgung mit ihnen bis ins kommende Frühjahr (prima Lagertips übrigens im Großvater-Band II).

Einige Apfelsorten der verschiedenen Jahreszeiten:

- Zu den Sommeräpfeln gehören z. B. der 'Klarapfel' und die Sorte 'Mantet'.
- Herbstsorten sind 'James Grieve', 'Gravensteiner', 'Ingrid Marie', 'Goldparmäne' und 'Holsteiner Cox'.
- Winteräpfel haben wir mit den Sorten 'Ontario', 'Cox Orange', 'Berlepsch', 'Jonathan', 'Boskoop', 'Morgenduft' und 'Schöner von Nordhausen'.
- Birnen lassen sich leider meistens nur einige Wochen lagern. Selbst mit den späten Sorten wie 'Gräfin von Paris', 'Diels Butterbirne' und der 'Pastorenbirne' können wir uns bei guter Lagerung höchstens bis Dezember/Januar aus eigener Produktion versorgen.

Die Großeltern wußten aber noch mehr mit dem Obst anzufangen, als es möglichst frisch zu verzehren. Trocknen, Einkochen, Mosten oder es zu Wein zu verarbeiten war üblich. Für die verschiedenen Zwecke boten sich wiederum die entsprechenden Sorten an.

Zum Trocknen und Einkochen eignen sich vorzugsweise die Sorten 'Clapps Liebling', 'Köstliche aus Charneu', 'Williams Christ' und die 'Gute Luise'. Most läßt sich gut gewinnen aus den Sorten 'Schweizer Wasserbirne', 'Gräfin von Paris' und 'Liegels Butterbirne'. Den Rohstoff für den berühmten Nachtisch 'Birne Helene' liefert bevorzugt die Sorte 'Gellerts Butterbirne'. Für Apfelmost und -wein ist der 'Bittenfelder Sämling' wegen seines hohen Fruchtzuckergehalts bestens geeignet. Auch der 'Hauxapfel' und der 'Horneburger Pfannkuchenapfel' gelten als gute Mostäpfel. Zum Einkochen und Trocknen wiederum bieten sich der 'Bohnapfel', 'Grahams Jubiläumsapfel' und die Sorte 'Lunow' an.

Bei den anderen (üblicherweise vertretenen) Obstarten ist die Sortenvielfalt bei weitem nicht so ausgeprägt und damit auch nicht auf die unterschiedlichen Verwendungsweisen verteilbar. Lediglich bei den Pflaumen lassen sich die 'Kirkespflaume' und bei den Zwetschen die 'Italienische Zwetschge', auch 'Bosnische Hauszwetschge' genannt, als besonders geeignete Dörrfrüchte empfehlen.

Bodenpflege: Stimmt's unten, stimmt's oben

Das Bewußtsein dafür, daß nur in guter Erde Pflanzen gut heranwachsen können, war früher sicher mindestens so präsent wie heutzutage. Die Methoden, diesbezüglich für beste Qualität zu sorgen, waren freilich in mancher Hinsicht noch andere. Dennoch kann man sich die eine oder andere Scheibe auch in

dieser Angelegenheit von Großvaters Gartenweisheit abschneiden.
Das Hauptaugenmerk der Großeltern richtete sich, nicht anders, als das bei uns der Fall ist, auf die Optimierung der Bodenstruktur. Locker sollte der Boden auch damals schon sein, Feuchtigkeit halten können und natürlich ausreichend Nährstoffe beinhalten.
Anders als in der Gegenwart wurde das herbstliche, grobe Umgraben als bodenlockernde Maßnahme noch undifferenziert für alle Bodenarten gutgeheißen. Der Kerngedanke dabei: Der winterliche Frost dringt in die Schollen, sprengt gewissermaßen die verdichtete Bodenstruktur auf und sorgt auf diese Weise für eine Auflockerung. Dieser Frostgare-Effekt empfiehlt sich heute nur noch für schwere Böden und zwar auch lediglich so lange, bis das Bodenmaterial durch die ohnehin notwendige Zugabe von Kompost, Steinmehl und Sand deutlich verbessert ist.
Heute weiß man, daß ein intaktes Bodenleben ein wesentlicher Faktor für den qualitativen Zustand von Anbauflächen ist. Wenn nun beim Umgraben das Unterste zuoberst gelangt, werden die Bodenlebewesen empfindlich in ihrer wichtigen Aktivität gestört.
Auch das heute sich immer mehr etablierende Mulchen war unbekannt. Allerdings gingen die Großeltern oft und regelmäßig mit der Hacke über die Beete; so wurde ein Ziel des Mulchens, die Verhinderung der Austrocknung des Bodens, eben auf diese Weise erreicht, quasi ein Mulchen mit Erde.

Mist ist nicht gleich Mist

Als Dünger diente in erster Linie Mist. Nur: Mist ist nicht gleich Mist, hier wurde streng unterschieden. Pferdemist, der mit dem hitzigsten Temperament, fand Verwendung in warmen Mistbeeten und in schweren Böden. Ausgesprochen sandige Böden macht er nur noch trockener, was nicht gewollt ist; hier bot sich vorzugsweise der kalte Schweinemist an.
Dieser wiederum hatte jedoch in Tonböden nichts zu suchen, denn er würde nur deren schlechte Eigenschaften (v. a. die Tendenz zu Verdichtung und Verkrustung) verstärken. Ein Mistdünger bot sich im Zweifelsfalle immer als guter Kompromiß an: der Rindermist. Er nimmt eine Art Mittelstellung ein und wurde überall eingesetzt. In dieser Funktion gelangt er auch heute noch als allseits gefragter Kraftstoff auf Gärtners Beete.
Unterschiede ergeben sich beim Vergleich des jahreszeitlichen Eintrags von Mist. Früher wurde Mist meistens im Herbst im Garten verteilt. Daß dies äußerst ungünstig ist, weil damit eine Ausschwemmung von Nährstoffen und damit eine erhebliche Verunreinigung des Grundwassers einhergeht, war nicht bekannt.
Allerdings brachten bereits die Großeltern den Mist lieber angerottet als ganz frisch aufs Land. Der entscheidende Grund: Frischer Mist lockt allerlei Schadinsekten an, welche die Kulturen gefährden.

Großvaters Garten

Von allerlei Mehlen

Den stadtnahen Gärten stand nun der vom Land erst umständlich zu beschaffende Mist nicht zur Verfügung, man suchte also nach Ersatzstoffen. In Schlachthausabfällen fand man sie auch; geblieben sind für uns heutige Gärtner zumindest Blut-, Knochen- und Hornmehl. Blut- und Hornmehl bieten sich als Stickstoff-Lieferanten an und kommen deswegen für alle Arten von Gemüse in Frage. Knochenmehl ist wegen seines Phosphorgehalts interessant, der die Blütenentwicklung positiv beeinflußt, und wird deswegen vorzugsweise in die Erde von Blumenbeeten eingearbeitet. Diese drei Dünger aus dem letzten Jahrhundert haben sich einen festen Platz im gegenwärtigen gärtnerischen Fundus erobert und werden um so gefragter sein, je mehr auf konventionelle Mineraldünger verzichtet werden wird.

Ordnung mußte sein

Um eine Geschichte kommen wir nicht herum: Das Ding heißt Ordnung. Also, das ist so eine Sache. Einerseits ganz einleuchtend, hilfreich, ja notwendig.
Andererseits: Was sich die Großeltern da so an Disziplin abrangen, ging oftmals entschieden zu weit und würde aus heutiger Sicht leider sogar als regelrecht naturfeindliche Handlungsweise aufgefaßt werden müssen. Reisig- oder Steinhaufen, die etlichen Kleintieren und Insekten Quartier bieten und heutzutage in vielen Gärten mit Absicht angelegt werden, wurden nicht geduldet. Reisig wurde verbrannt, herumliegende Steine stapelte man säuberlich an einem vorgesehenem Platz. Wer im Herbst nicht das Laub zusammenfegte oder etwa Wildkraut, vormals böser: Unkraut, nicht ständig von den Beeten jätete, galt als faul, und das war früher noch weit weniger beliebt als in unseren Tagen. Der Gerechtigkeit halber muß jedoch eingeräumt werden: Die strenge Ordnung diente nicht nur einer sicher fragwürdigen Ästhetik, ihr Zweck lag zugleich sehr in der Verhütung von Pflanzenkrankheiten.
Für den Gedanken, daß es gerade die »geordnete Unordnung« sein könnte, die zu einem ökologischen Gleichgewicht führt und so krankheitsverhindernd wirkt, war die Zeit noch nicht reif. Unkenntnis herrschte beispielsweise ebenfalls über die Verrottungsvorgänge im Kompost, so daß es offenbar niemandem in den Sinn kam, infiziertes, krankes Pflanzenmaterial über die Kompostierung frei von Erregern zu machen. Dennoch ist ein Blick auch in die großelterliche Gartendoktorei mit Erkenntnisgewinn nicht geringer Art verbunden:

- Das Reinigen von Schneidewerkzeug, wenn mit ihm an viruskranken Pflanzen hantiert wurde, leuchtet jedem ein.
- Wichtig ist die Entfernung von artverwandten Wildkräutern, um den Krankheitserregern keinen Zwi-

Großvaters Garten

Großmutters und Großvaters ordentlicher und durchdachter Garten: Alles hatte seinen festgelegten Platz.

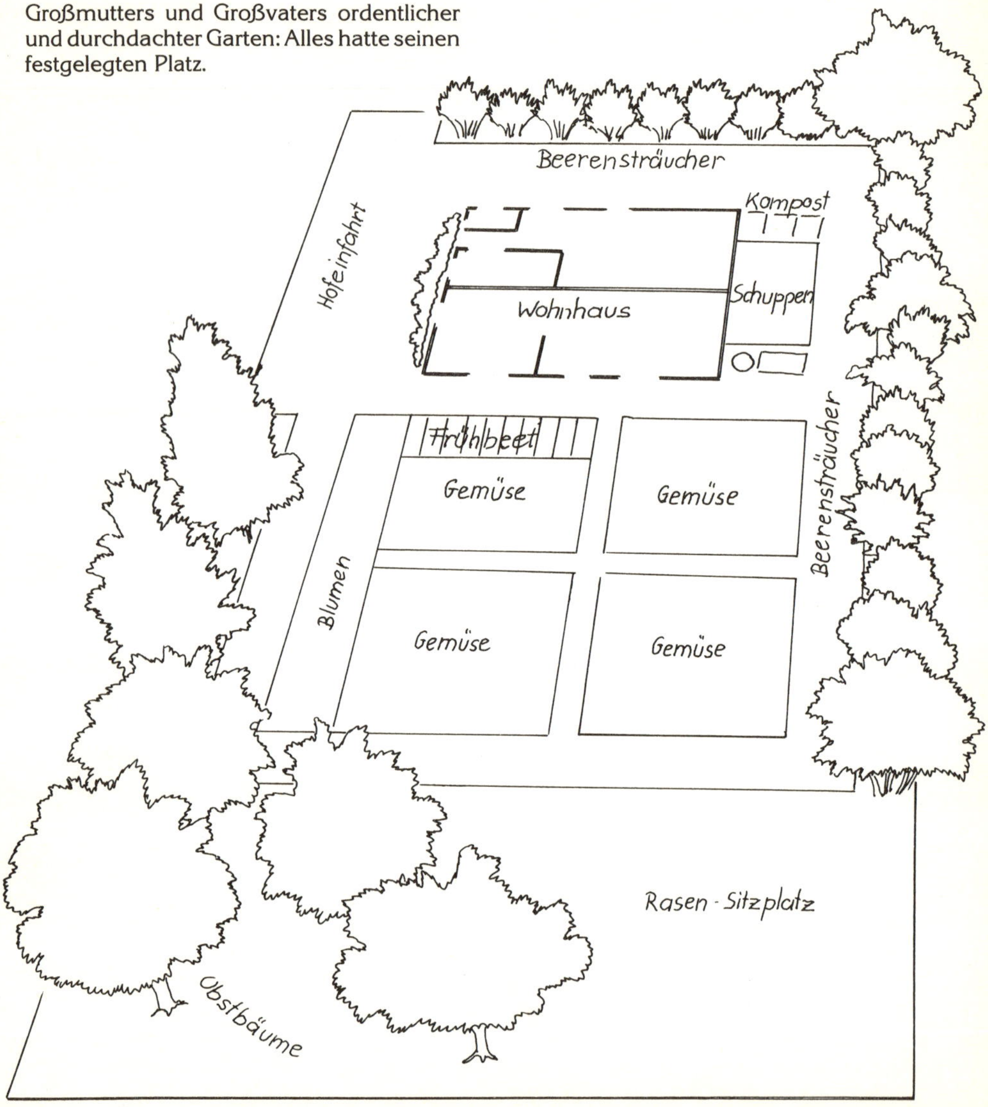

schenwirt zu bieten. Beispielsweise sollen bei Gefahr von Kohlhernie keine Kreuzblütler im Kohlbeet stehen, etwa Hirtentäschl oder Akkersenf.

❀ Sinnvoll ist auch das Entfernen von Fallobst und krankem Laub, um eine erneute Ansteckung durch auffliegende Pilzsporen im folgenden Jahr zu vermeiden.

Wildkräuter wurden noch aus anderem Grund nicht geduldet: In der Regel zogen unsere Vorfahren ihren Gemüsesamen selbst heran. Kreuzungen mit wilden Verwandten mußten verhindert werden, damit eine brauchbare Qualität gewährleistet war; schließlich bestand die Alternative nicht im prallgefüllten Supermarkt um die Ecke, sondern im knurrenden Magen nach verkorkster Ernte.

Bei näherem Hinsehen erscheint das strenge Ordnungsbewußtsein der lieben Alten mithin durchaus verständlich und an vielen Stellen sinnvoll. Und so sind wir unversehens am Ende angelangt, ohne allerdings einen letzten heißen Tip verheimlichen zu wollen, eine Empfehlung sozusagen, das großelterliche Gartentreiben grundsätzlich aus folgendem Blickwinkel zu betrachten: Pickt Euch die Rosinen raus.

Anhang

Literaturverzeichnis

(Eine Auswahl verwendeter Literatur)

Allgemeine deutsche Gartenzeitung, herausgegeben von der praktischen Gartenbau-Gesellschaft in Frauendorf, dritter Jahrgang 1825. Erschienen bei Friedrich Pustet, Passau.

KOSMOS, Zeitschrift für angewandte Naturwissenschaften, dritter Jahrgang 1859. Erschienen bei Franz Wagner, Leipzig.

Bezugsquellenverzeichnis

(Die Zusammenstellung erhebt keinen Anspruch auf Vollständigkeit.)
Die angegebenen Firmen versenden entweder selbst oder nennen Adressen von Händlern, die sich in Ihrem Postleitzahlenbereich befinden. Leider sind uns keine Firmen oder Händler aus den neuen Bundesländern bekannt. Vielleicht können hier die Leser aushelfen und uns Adressen über den Verlag zukommen lassen.

Obst

Herrmann Cordes
Lülanden 4
W-2000 Wedel/Holstein

Peter Klock
Baumschulversand
Stutsmoor 43
W-2000 Hamburg 52

Bernhard Knipping
Baumschule
Hellweg 6
W-4236 Hamminkeln-Dingden

Krämer
Baumschule
Bielefelder Str. 202-206
W-4930 Detmold

Herr
Baumschule
Postfach 1229
W-5309 Meckenheim

Hans Bartsch
Baumschule
Nuthgottestr. 4
W-6222 Geisenheim

Baumschule Rinn
Heuchelheimer Str. 129
W-6300 Gießen

Walter Scheuermann
Baumschule
Wertheimerstr. 5
W-6972 Tauberbischofsheim

Christoph Ulmer
Baumschule
Grabenstr. 34
W-7315 Weilheim/Teck

Baumschule Pfänder
Im breiten Löhle 18
W-7440 Nürtingen

Brenninger
Hofstarring 57
W-8251 Steinkirchen

Wilhelm Hofmann
Baumschule
Hauptstr. 36
W-8521 Langensendelbach

Österreich

Baumschule Dipl. Ing. Hauer
A-4760 Raab

Baumschule Johann Reisegger
A-4773 Eggerding

Baumschule Gustav Ranseder
A-4980 Antiesenhofen

Schweiz:

Flora Baumschulen AG
D. Grevsmühl
CH-8215 Hallau

T. Spreng
Baumschulen
Haldimoosstr. 22
CH-4922 Bützberg

T. Suter
Baumschule
Pilgerstr. 67
CH-5405 Baden-Dättwil

F. Zemp
Baumschule
CH-6277 Kleinwangen

Wild- und andere Kräuter

Peter und Monika Klock
Postfach 520604
W-2000 Hamburg 52

Scherneck-Heilpflanzen
Lanzenhainer Str. 5
W-6425 Lautertal

Blauetikett Bornträger GmbH
Postfach 30
W-6521 Offstein

Dieter Köhler
Rainerstr. 4
W-8201 Tuntenhausen

Saatgut

Folgende Firmen bieten biologisches Saatgut an, meist ist das Sortiment nur teilweise aus biologischem Anbau:

Carl Sperling und Co.
Postfach 2640
W-2120 Lüneburg

Anhang

Bruno Nebelung
Albersloher Weg 25
W-4400 Münster

Natur & Garten
Postfach 2
W-4401 Saerbeck

Conrad Appel GmbH
Samen und Pflanzen
Bismarckstr. 59
W-6100 Darmstadt

Blauetikett Bornträger
Postfach 30
W-6521 Offstein
(Kräuter und Wildpflanzen)

Hild Samen GmbH
Postfach 1161
W-7142 Marbach a.N.

Wolfhart Lau
Lindenweg 17
W-7881 Großherrischwand

Biologische Pflanzenschutzmittel und andere Gartenartikel

DELSAAT – Biogarten
Postfach 1240
W-2870 Delmenhorst

W. Neudorff GmbH KG
Postfach 1209
W-3254 Emmerthal 1

Helm Naturprodukte
Im grünen Winkel 11
W-4030 Ratingen 4

Natur & Garten
Postfach 2
W-4401 Saerbeck

Anton Inhoffen
Wilhelmstr. 14
W-5350 Euskirchen

Waltraud Richter
Zellerstr. 51
W-7311 Ohmden

Biologischer Fachversand
Am Reibschenberg 19
W-7743 Furtwangen-Rohrbach

Keller Biogarten und Gesundheit
Konradstr. 17
W-7800 Freiburg

Oscorna Dünger GmbH & Co.
Postfach 42
W-7900 Ulm

Der blühende Garten
Carl-Zeiss-Str. 4
W-8046 Garching

Richard Guhl
Ökologische Produkte
Deberndorfer Straße 5
W-8501 Cadolzburg

Snoek GmbH
Postfach 10
W-8996 Opfenbach

Register

Halbfett gedruckte Seitenzahlen weisen auf Abbildungen hin.

Register